POLYGLOTT on tour

Apulien/Kalabrien

Basilikata

Monika Pelz

Special

Allgemeines

Städtebeschreibungen

In den verwinkelten Gässchen der arabisch wirkenden Altstadt von Bari repräsentieren die Basilica San Nicola und die Kathedrale San Sabino Romanik pur.

Bauten aus honigfarbenem Tuffstein mit üppig dekorierten Fassaden kennzeichnen das geschlossene Bild der barocken Altstadt von Lecce.

Elegante Einkaufsstraßen in der Neustadt und barocke Kunstschätze in den Altstadtgassen: Cosenza bietet für jeden etwas.

Touren

Tour 1 – Wo die Adria am schönsten ist

Seite 47

Ungetrübte Badefreuden an weißen Sandbuchten und faszinierende romanische Bauten bietet der »Sporn« der italienischen Halbinsel.

Tour 2 – Romanik zwischen Murge und Meer

Seite 54

Romanische Kathedralen, wehrhafte Burgen, herrliche Ausblicke bis zum Meer und die »steinerne Krone« Castel del Monte erwarten die Besucher auf dieser Tour.

Tour 3 – Ins Tal der weißen Trulli

Seite 60

Zwischen Bari und Brindisi liegen unzählige der romantischen kegelförmigen Trulli sowie Italiens größte Tropfsteinhöhle in Castellana Grotte.

Tour 4 – Griechisches Flair im Salento

Seite 67

Die malerischen Küstenorte Otranto und Gallipoli bezaubern ebenso wie das türkis schimmernde, glasklare Wasser an den Küsten des Salento, dem »Absatz« des italienischen Stiefels.

Tour 5

Armes, wildes Land

Seite 74

Von tiefen Schluchten durchschnittene Karstflächen prägen das Hinterland von Taranto mit den berühmt gewordenen »Sassi«, den Höhlenwohnungen und Grottenkirchen in Matera.

Tour 6

Die unbekannte Basilikata

Seite 81

Wundervolle, weite Ausblicke über die unendlichen Hügelketten und unbekannte Kunstschätze gibt es in der Basilikata noch zu entdecken.

Tour 7

Baden in der Magna Graecia

Seite 86

Sarazenentürme, lange, traumhafte Sandstrände und geschichtsträchtige Ausgrabungen findet man auf dieser interessanten Tour entlang der ionischen Küste.

Tour 8

Am Tyrrhenischen Meer

Seite 94

Unzählige Badeorte, hinter denen die Gipfel 2000 m hoch aufragen, eignen sich hervorragend für einen erholsamen Urlaub zwischen Bergen und Meer.

Bildnachweis

Alle Fotos Monika Pelz außer Peter Amann: 6, 8/9 (Fondbild); Bildarchiv Steffens/ Werner Heidt: 15-1, 63; Bildarchiv Steffens/ Ladislav Janicek: 29, 34-1, 61, Veit Haak: 15-2, 36-1, 56, 68-2; Rainer Hackenberg: 59, 77-1; Herbert Hartmann: 1, 2-2, 9, 10/11 (Fondbild), 11, 20, 33, 51, 53, 67, 68-1, 86, 91, 95, 97; Bernd Helms: 55-1, 70; Gerold Jung: 6/7 (Fondbild), 7, 8, 13, 22, 27, 34-2, 48, 49, 62, 69, laif/R. Celentano: 45-1, 45-2, 99; Daniele Messina: 5, 10, 36-2, 58, 66, 73; Titelbild: Bildagentur Huber/Simeone.

Aus Feldsteinen geschichtete Trulli, rätselhafte Rundhäuser mit kegelförmigen Dächern in Alberobello und Locorotondo, weißgestrichene barocke Landgüter oder riesige Masserie, feudale landwirtschaftliche Musterbetriebe, setzen Akzente im Landschaftsbild Apuliens. Dies sind nicht länger nur museale Attraktionen für Fotografen. Traditionsbewusste lokale Projekte, Regionalförderung und EU-Zuschüsse haben dazu geführt, dass nicht nur alte Trulli restauriert, sondern teilweise sogar neue Trulli mit alten Techniken errichtet werden, Stromanschluss und Badewanne inklusive.

Wohnen in Trulli und Masserie

Wohnen auf apulisch

Residieren in der Masseria oder den Charme des Landlebens im Natursteintrullo entdecken. Gerade die Agriturismo-Landgüter, aber auch Luxusherbergen setzen wieder voll auf den Nostalgietrend – eine erfrischende Alternative zu den sonst in Süditalien häufigen Betonklotzhotels.

Masseria Santa Lucia, Ostuni Marina (Brindisi), Strada Statale 379, km 23,5 (Ausfahrt Costa Merlata), Tel. 08 31 33 04 18, Fax 08 31 30 40 90, www.masseriasantalucia.it. Ein Traum in Weiß – Luxuslandgut mit Riesenpool gleich an der Adria. OO–OOO

Castello di Modunato, Avetrana (bei Manduria, 3,5 km Richtung Salice Salentino), Tel./Fax 09 99 70 40 76. Familie Mannarini von Braun hat in ihre befestigte mittelalterliche Masseria zwei mit antiken Möbeln eingerichtete Ferienwohnungen eingebaut. Man spricht deutsch! O

Azienda Agrituristica Serragambetta, Castellana Grotte, Via per Conversano, Tel./Fax 08 04 96 21 81, serragambetta@mail.media.it. Ländliche Villa des 19. Jhs. mit Appartements und der im italienischen Fernsehen berühmt gewordenen Naturküche von Zia Nina. O–OO

Tipp Unter www.valledeitrulli.it findet man jede Menge topmodern ausgebauter Wohntrulli in Alberobello, Locorotondo etc. Vermietung im Sommer nur wochenweise, im Frühjahr und Herbst auch Wochenendpauschalen.

Trulli von innen

Kein Problem in Alberobello, wo Trullo gleichbedeutend mit Shop zu sein scheint, und wo es Nudeltrulli, Keramiktrulli und siamesische Trulli gibt. Wer die Architektur der kunstvoll geschichteten Scheinkuppeln ohne Trubel genießen will, hat zwei Möglichkeiten: Die Kirche Sant'Antonio wird von einem Trulloglockenturm überragt, und das Museo del Territorio am Ende der Oberstadt Aia Piccola dokumentiert das bäuerliche Leben in den klimatisch gut abgeschotteten Trulli in vortouristischen Zeiten.

Museo del Territorio, Alberobello, Piazza XXVII Maggio, tgl. 10–13, 16–19 Uhr.

Feiern wie einst

Musik, Tänze, Trachten, Kochkünste und Handwerk der Trulli-Bewohner liefern heute den Hintergrund für traditionelle Volksfeste in Alberobello, bei denen Einheimische und Fremde gleichermaßen mitfeiern.

Festa di S. Antonio, 13. Juni, Patronatsfest mit Heiligenumzug und Orecchiette (»Öhrchen«)-Nudel-Ständen.
Festa sull'Aia, 2. Julihälfte. Hier feiert das ganze Stadtviertel sich selbst, die Trulli sind prächtig herausgeputzt, es gibt Volkslieder und Spezialitäten der Küche.
Città dei Trulli, 3. August-Wochenende, Folkloregruppen aus ganz Süditalien spielen auf.

Sport und Strände

Noch zieht es die meisten Deutschen wegen der Traumstrände von Tropea nach Kalabrien – insgesamt 800 km Küste warten hier auf Sonnenanbeter, die von Mitte Mai bis Anfang November ins mindestens 20 Grad warme Wasser hechten können. Hingegen haben die Italiener in den letzten Jahren die reizvolle Natur des gebirgigen kalabresischen Hinterlandes entdeckt, in dem man bis vor kurzem mit Hirten, Holzfällern, Pilzsammlern und Herden allein war. Besonders in den kalabresischen Nationalparks kann man Wandern in einer ursprünglichen Kulturlandschaft genießen.

Kalabriens Natur – prickelnd & hautnah

Segeln und Fliegen

Kalabriens Küsten sind ein ausgezeichnetes ausbaufähiges Segelrevier, viel zu schade, um sie – wie lange geschehen – den Zigarettenschmuggler-Booten zu überlassen. Die Provinzhauptstadt Vibo Valentia ist idealer Ausgangspunkt für die seglerische Erkundung der buchtenreichen tyrrhenischen Westküste. Von hier kreuzt auch der hochseetaugliche Zweimast-Topsegelschoner SY Florette in einem mehrtägigen Törn hinüber zu den Äolischen Inseln.

Den bestausgebauten Yachthafen der jonischen Küste besitzt das wenig attraktive Crotone, von hier aus erreicht man man die reizvollen Segel- und Tauchreviere am Capo Rizzuto. Der Alicalabria Volo Club ermöglicht mit seinen Ultraleichtflugzeugen, die faszinierende Küstenlinie und das türkisblaue Tyrrhenische Meer von oben zu genießen.

Tipp Junge italienische Ragazzi trifft man im **Wild Surf Club Carioca,** 88070 Botricello (Golf von Squillace), Loc. Botro, Tel. 0 96 16 73 20, Fax 09 61 96 74 71 (264 Appartements).

- **Paradise Consult,** Viko Zelezny, Karmarscherstr. 44, D-30159 Hannover, Tel. 05 51/32 79 37, Fax 05 51/32 98 80 oder **Sport-Scheck,** München, Tel. 0 89/25 25 27 00.
- **Ali Calabria Volo Club,** Pino Pontoriero, P.O.box 1, 89864 Spilinga (Vibo Valentia), Tel. 0 96 36 53 36, Mobil 0 34 71 88 91 08 oder 0 33 87 77 81 64.

Wildwasserrafting

Um die Schluchten des auch im Sommer wasserreichen Lao bei Papasidero zu erkunden, organisieren Primo Galiano und sein Team von Anfang Juni bis Ende August professionelle Schlauchbootfahrten bis zur Einmündung des Argentino-Flusses, die auch für Kinder ab 8 Jahren geeignet sind (Min. 4, max. 24 Pers., ca. 45 € per Person). Im Frühjahr und Herbst versprechen spezielle Wildwasserexkursionen im Oberlauf des Lao prickelndes Abenteuer.

Lao Action Raft, 87029 Scalea, Via Lauro 12, Tel./ Fax 0 98 52 14 76, Mobil 03382236744, E-Mail laoraft@labnet.it.

Sila, Pollino und Aspromonte

Kalabriens Naturparks sind nicht mehr nur in Karten eingezeichnet. Junge Kooperativen haben Ernst mit dem Markieren von Wanderrouten gemacht und sorgen für ein kulturelles Gesamterlebnis, das von Erklärungen der süditalienischen Mittelmeerflora bis zu Besuchen von Käsereien, Köhlern und ethnologischen Museen reicht.

Le Pratoline, Scinvolo Campotenese, 0 98 13 39 60. Autobahnnahe Hütte mit Zimmern und Zickleinspezialitäten.

Emanuele Pissara, Cività/ Cifti, Tel. 0 98 17 30 43. Der junge sympathische Bergführer führt über die Teufelsbrücke zur schwindelerregenden Via del Peperoncino und erklärt sein albanisches Heimatdorf am Südrand des Pollino.

Infos:

Parco Nazionale dell'Aspromonte, Santo Stefano in Aspromonte, Tel. 09 65 74 30 60, Fax 09 65 74 30 26.

Parco Nazionale della Sila, Cosenza, Viale della Repubblica 26, Tel. 0 98 47 67 60, Fax 0 98 47 10 93.

Federico Secondo (1194–1250): Kaiser des Heiligen Römischen Reiches Deutscher Nation, König von Sizilien, Muslimfreund und Arabist, der auf seinen Feldzügen Harem und Raubkatzen mit sich führte und bei Dante in die Hölle verbannt wurde: Diese auch heute noch faszinierende Persönlichkeit ist nirgendwo so greifbar wie in Apulien. Zwar wurde Friedrich in Palermo geboren, aber er liebte das Land, nach dem ihn das staunende Deutschland benannte: Kind (puer) von Apulien. 21jährig wurde er in Aachen zum deutschen König gekrönt. Übrigens: Auf Italienisch schrieb er hinreißende Liebesgedichte, Deutsch sprach er allenfalls stockend.

Das Kind von Apulien – Friedrich II.

Nicht nur Castel del Monte

Die »Krone Apuliens« (s. S. 56) wird kaum ein Apulientourist auslassen. Doch der Geist Federicos ist auch an anderen Orten präsent: z. B. in der eigenartigen Sarazenensiedlung Lucera, in der die islamische Leibgarde des Staufers den Thronschatz hütete. Das riesige Castello, aus dem die Moslems 1300 vertrieben wurden, wirkt mit seinen gigantischen Außenmauern und riesigen Freiflächen wie ein überdimensionales Zeltlager.

Friedrich als Gewaltmensch? Das erzählen jedenfalls die Ciceroni von Gioia del Colle. Hier soll der rasend eifersüchtige Friedrich seine Geliebte Bianca Lancia während ihrer Schwangerschaft in einem Turm gefangen gehalten haben – verschärfter Harem. Bianca soll ihm den Neugeborenen Manfred zusammen mit ihren abgeschnittenen Brüsten als Beweis der Treue zugesandt haben.

Echte Friedrichfans werden auch seinen von Raubvögeln umschwebten Sterbeort Castelfiorentino, 9 km südlich von Torremaggiore (Foggia) aufsuchen. Bereits 1255 wurde die staufische Stadt von den Anjou zerstört, heute werden die Reste ausgegraben.

Fortezza Lucera,
Di–So 8–20 Uhr.
Gioia del Colle,
tgl. 9–13.30, 16–19.30 Uhr. Führungen nach telefonischer Anmeldung 08 03 48 13 05.
Castelfiorentino
frei zugänglich.

Wie sah Friedrich aus?

Rotblond, bartlos, kurzsichtig hätte er als Sklave laut einem islamischen Chronisten »keine 200 Dirhems eingebracht«. Doch Friedrich sah sich anders: Wie ein römischer Imperator zeigt ihn die Büste im Museum von Barletta, die als echtestes Porträt des Kaisers gilt.

Castello di Barletta, Di–So 9–13 und 15–19 Uhr.

Friedrich heute

Er ist so lebendig als wäre er nie gestorben; sein kaiserlicher Auftritt im Internet dient der unfassenden Information der Untertanen. Auch sonst ist der Staufer topaktuell: Nicht nur Wein oder Olivenöl werden gern mit dem Federico-Logo vermarktet, auch prächtige historische Festzüge in Oria und der von ihm gegründeten Sarazenenstadt Lucera präsentieren Friedrich live! Aber auch die Musikindustrie, Tourismusinitiativen, Restaurants bis hin zu Badeanstalten schreiben seinen Namen auf ihre Werbefahne.

Oria:
Corteo Storico di Federico II, 2. Wochenende August.
Lucera:
Sarazenenfest, 14. August.

Sarband, Music of the Emperors: CD mit modern interpretierten mittelalterlichen Vertonungen von Friedrich II-Gedichten
Vertrieb:
Jaro, 2800 Bremen, Bismarckstr. 83, Tel. 0 42 17 80 80, Fax 0 42 17 40 66.

Herbert Nette, **Friedrich II. von Hohenstaufen,** knappgefasste rororo-Monographie.
Friedrich II. Homepage im Internet: www.stupormundi.it

Sapori imperiali (kaiserliche Geschmackserlebnisse) verspricht Meisterkoch Giuseppe Ciociola von **La Reggia di Federico II** in Monte San Angelo. Serviert wird in Kostümen der Stauferzeit!
La Reggia di Federico II, Via Rago 11, Tel. 08 84 56 52 56.

Zwischen Bergen und Meer

Unterschiedliche Landschaften, vom sanften Sandstrand bis zu schroffen, kargen Gebirgen, ein zuverlässig schönes Wetter, mediterranes Ambiente, ein guter Tropfen und unzählige Gaumenfreuden warten im Süden Italiens auf die Besucher. Apulien, die Basilikata und Kalabrien eignen sich hervorragend für eine Kulturreise, aber auch für Bade- und Wanderurlaub oder schlicht erholsame, anregende Ferien.

Lage und Landschaft

Die drei Mittelmeer-Regionen (ital.: *Puglia, Basilicata, Calabria*) nehmen den Sporn und den Absatz, die Sohle und die Spitze des italienischen Stiefels ein. Im Osten umspült die Adria, im Süden das Ionische und im Westen das Tyrrhenische Meer die Küste. Hier finden sich traumhafte Sandstrände und romantische Fischerdörfer, aber auch überlaufene Badebuchten und architektonisch wenig gelungene Ferienorte. Obwohl die Landzungen nur schmal und kein Ort sehr weit von der Küste entfernt ist, macht das Hinterland, wo kurvenreiche, steil ansteigende Sträßchen in wenig besuchte Bergdörfer führen, vielerorts noch den Eindruck erstaunlicher Abgeschiedenheit.

Den nördlichsten Teil Apuliens bildet die Halbinsel Gargano mit dem gleichnamigen Gebirge, das eine Höhe von über 1000 m erreicht. Südlich schließen sich der Tavoliere di Puglia, eine weite Senke um Foggia, und die fruchtbaren Küstenebenen der Terra di Bari und d'Otranto an. Landeinwärts steigt die Landschaft treppenartig über die verschiedenen Stufen der Murge an, bis sie in der Basilikata ihren höchsten Punkt im Vulkankegel des Monte Vulture (1326 m) erreicht. Im Süden fallen die Murge, unterbrochen von tiefen eindrucksvollen Schluchten, den *gravine*, abrupt in die fruchtbare Ebene um Taranto ab, die sich entlang der Küste bis Metaponto hinzieht. Den ebenfalls zur Region Apulien gehörenden Absatz des Stiefels, den Salento, prägt im Wesentlichen eine sanfte Hügellandschaft.

Wer von Norden her in die Basilikata einreist, trifft auf das Pollino-Massiv, eine über 2000 m hohe Bergkette, die mit immergrünen Kiefernwäldern und niedrigem Gras bewachsen ist. Durch ganz Kalabrien zieht sich der Apennin: Die beiden bedeutendsten Gebirgsstöcke, die Sila im Norden und der Aspromonte im Süden, bestehen vor allem aus Granit und Gneis. Jäh stürzen die Felsen zum Meer hin ab, während die Höhen oft den milderen Charakter grüner Hochflächen haben. Rar sind auch in Kalabrien ausgesprochene Ebenen, von denen es in diesem Gebirgsland nur zwei gibt: Piana di Sibari an der Mündung des Crati an der Ostküste und Piana di Sant'Eufemia bei Lamezia an der Westküste.

Klima und Reisezeit

Der Süden hält, was er verspricht: Von Mai bis September scheint die Sonne, das Meer hat Badetemperatur, und es regnet fast nie. Dieses sehr trockene und heiße Klima lockt Urlauber und Einheimische an die Strände sowie in die Bergwelt Kalabriens und der Basilikata. Während an der Küste die Luft bei bis zu 40 °C flimmert, weht in den höheren Lagen meist ein kühleres Lüftchen, und die Temperaturen sind erträglicher.

Im Herbst wird es hier oben schon kalt, wenn man an der Küste noch baden kann. Das Pollino-Massiv und die Sila sind beliebte Wintersportgebiete. Während dort der Schnee so richtig knirscht, kann man in den tiefer liegenden Regionen seinen Cappuccino im Freien trinken. Der Regenschirm gehört vor allem im Frühjahr und Herbst ins Gepäck, auch wenn die Niederschläge nicht allzu heftig sind. Diese Jahreszeiten sind natürlich be-

Klima und Reisezeit

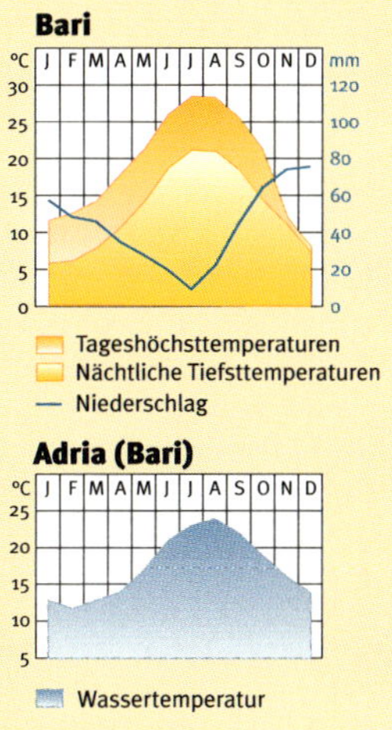

Intensives Farbenspiel im apulischen Frühling

sonders für Wanderer ideal. Im Frühjahr verwandeln sich die oft schon im Juni graubraunen Abhänge für wenige Wochen in ein Meer duftender Blüten. Der Herbst hüllt die Kastanienwälder in bunte Farben, Pilzkenner können sich nun auf die Suche machen. Eine Kulturreise kann man das ganze Jahr über unternehmen. Das Winterhalbjahr bietet den Vorteil ungestörteren Kunstgenusses, allerdings sind dann nicht alle Museen geöffnet. Allzu große Angst vor dem totalen Touristenrummel ist hier sowieso unbegründet: So überfüllt wie in Rimini präsentiert sich der Süden ohnehin nur in der Woche um den 15. August, den *ferragosto*. Dann ist ganz Italien auf den Beinen, und das Unterhaltungsprogramm reicht vom Feuerwerk bis zum Jazzkonzert, vom Tanzabend bis zur feierlichen Prozession.

Natur und Umwelt

Palmen und Bergföhren, duftende Macchia und dichte Kastanienwälder: Die Pflanzenwelt des Südens ist entsprechend den immensen Höhenunterschieden vielseitig. Die Nutzflächen mit Oliven, Wein, Mandeln, Feigen und Obst sowie die herbe Macchia verbreiten mediterranes Flair. In höheren Lagen wachsen Steineichen und Oleaster. Den Apennin bedecken noch teilweise dichte Kastanien- und Buchenwälder. Öd und kahl erscheinen die höchsten Gipfel in der Basilikata und Kalabrien – Bergweiden und Fels bestimmen die Landschaft.

Die abwechslungsreiche Küste ist 1600 km lang. Da sich die Industriekomplexe auf wenige Standorte beschränken, lässt auch die Wasserqualität nichts zu wünschen übrig. Die drei süditalienischen Regionen könnten mit ihrer artenreichen und vielfältigen Flora und Fauna ein wahres Paradies sein. Könnten, denn die Sensibilität der Bevölkerung für den Erhalt ihres Lebensraums scheint nach wie vor noch unzureichend entwickelt zu sein. Dies beginnt mit dem Zurücklassen von Plastikmüll nach dem Familienpicknick an Stränden und auf Wiesen, der mangelnden Versorgung mit Kläranlagen und gipfelt im *abusivismo*. Der Begriff bezeichnet die verbreitete Unsitte, dass jeder baut, wo und was er will, mit oder ohne Genehmigung. Die Städte wuchern dadurch planlos in alle Richtungen, lange Küstenabschnitte wurden durch das wilde Bauen völlig verschandelt.

An den Anblick halbfertiger Häuser und aufgegebener Bauruinen muss man sich im ganzen Mezzogiorno gewöhnen. Oft sind aber auch große Unterschiede zwischen nahe beieinander liegenden Orten festzustellen, denn immer mehr Einzelne engagieren sich.

Der erste Nationalpark in den drei Regionen, der **Parco Nazionale della Calabria,** mit 12 690 ha Fläche entstand bereits im Jahr 1968. Zunehmend besser erschlossen und ausgeschildert ist das Naturschutzgebiet **I Giganti della Sila** mit 5,44 ha Fläche. Hier wie auch im **Aspromonte-Nationalpark** (76 000 ha) haben neben zum Teil sehr seltenen Pflanzen auch bedrohte Tierarten wie Wölfe oder Salamander ein Rückzugsgebiet behalten.

Der zweite große Park fasste 1990 das Pollino-Massiv in der Basilikata und das kalabresische Orsomarso-Massiv im **Parco Nazionale del Pollino** mit 192 565 ha Fläche zusammen. Die charakteristischen Hochweiden der Piani di Pollino (auf 1800–1900 m unterhalb des Berges) und des Piano

Stein und nochmal Stein

Felsen und Grotten, Mäuerchen und Trulli – Stein in allen Formen dominiert das Landschaftsbild des Südens. Weite, im Sommer trockene Flusstäler, *fiumare* genannt, durchziehen mit ihren Geröllhalden Kalabrien, als wollten sie sich auch ohne Wasser zum Meer fortbewegen. Apulien ist die größte Karstregion Italiens. Das mit dem Regenwasser in das Gestein des Gargano und der Murge einsickernde Kohlendioxyd bewirkt die Lösung des Kalks und die Bildung riesiger Höhlen. Die größte liegt bei Castellana Grotte. Ihre hohen Hallen werden *grave* geheißen. Die großen Mulden, Dolinen, die in Apulien auch *pulo* heißen, sind solche Hallen, deren Decken eingestürzt sind. Typisch für die Region sind auch die *gravine,* tiefe, schluchtartige Taleinschnitte. An der Küste produzierte die Erosion pittoreske Felsformationen und unzählige Grotten, die größte, die Grotta Zinzulusa, liegt bei Santa Cesarea Terme.

In ganz Apulien ragen die Trullispitzen in den blauen Himmel

Die Süditaliener: offen und lebenslustig

Ruggio (auf 1500–1600 m im westlichen Parkgebiet), die ausgedehnten Buchenwälder sowie weiße Fichten und Panzerföhren machen den Reiz des Parks aus. Die seltene Föhrenart wächst in Europa außer im Pollino nur noch in wenigen Gebieten Griechenlands und Albaniens. Für Wölfe, Königsadler und Wanderfalken blieb hier ein Lebensraum erhalten.

1991 wurde als letzter großer Nationalpark der **Parco Nazionale del Gargano** mit 121 118 ha Fläche eingerichtet. Er ist von besonderer Bedeutung für die Vogelwelt, da 170 der 237 in Italien nistenden Vogelarten hier ihren Nachwuchs aufziehen, vor allem auch Raubvögel. In Apulien, der Basilikata und Kalabrien entstehen immer mehr lokale Schutzgebiete *(Riserve naturali);* derzeit sind es 448 115 ha, die meist als WWF-Oasen verwaltet werden. Näheres unter www.parks.it.

Bevölkerung

Die größte und mit 211 Einw./km² die am dichtesten besiedelte der hier vorgestellten Regionen ist Apulien. Kalabrien ist zwar knapp ein Viertel kleiner als Apulien, aber mit nur gut 2 Mio. Bewohnern etwa halb so dicht besiedelt (136 Einw./km²). Spärlich ist die Bevölkerungsdichte in der Basilikata mit 61 Einw./km².

Die bedeutendsten Minderheiten in Süditalien stellen die Albaner und die Griechen. Bereits 1534 ließen sich, nach der Eroberung ihres Landes durch die Türken, Albaner in der Basilikata (bei Venosa, Potenza und im Pollino-Massiv) sowie in Apulien (um Taranto) nieder. In Kalabrien bildeten sie über 40 Gemeinden, deren bedeutendste heute am Rand der Ebene von Sibari liegen (San Demetrio Corone, Santa Sofia d'Epiro). Besonders die nach griechischem Ritus gefeierten Ostertage, bei denen man die farbenprächtigen Kostüme der *Arbëreshë* – so die Bezeichnung für die albanische Minderheit – bewundern kann, sind ein guter Zeitpunkt für den Besuch ihrer Ortschaften.

Eine Folge der byzantinischen Herrschaft über Süditalien sind die griechischen Siedlungen in Apulien und Kalabrien. Die kulturellen Eigenarten dieser Volksgruppe sind heute jedoch im Verschwinden begriffen. In einigen Orten im südlichen Aspromonte und in acht Gemeinden im Südosten von Lecce wird noch Griechisch gesprochen. An alte griechische Sagen erinnert die in Süditalien bei Einladungen gepflegte Gastfreundschaft. Die Besucher werden stets in die Großfamilie einbezogen. Im Mezzogiorno gehören selbst die *comare* und der *compare* (Taufpaten und enge Freundinnen und Freunde) sowie sämtliche noch so entfernten Verwandten dazu. Sie bilden die Helfer in der Not, denn auf den Staat oder andere Institutionen verlässt man sich lieber nicht.

Wie im ganzen mediterranen Raum spielt sich ein Großteil des Lebens im Freien ab. Weicht die Tageshitze der lauen Sommernacht, wiederholt sich Abend für Abend das gleiche Schauspiel: Das ganze Dorf, ja selbst die halbe Großstadt sitzt vor der Haustür. An der Küste schleppen die Familien Tische und Stühle an den Strand, machen es sich gemütlich und spielen Karten. Man lebt draußen, auf der Piazza, *vor* der Bar, bei der abendlichen *passeggiata.* Dieser Spaziergang auf den Hauptflaniermeilen dient dem Sehen und Gesehenwerden. Jugendliche wandern dabei in Gruppen, lachend und heftig flirtend, umeinander herum. Die älteren Semester sehen amüsiert von ihren Bänken aus zu, Kinder toben bis nach Mitternacht im Getümmel. In Apulien spielt sich die Szenerie in der *villa comunale* ab, wie im Süden die städtischen Parkanlagen heißen.

Die Apulier sind im Allgemeinen freundliche, lebenslustige Menschen, die Kalabrier halten sich eher ein wenig zurück. Vieles mag etwas klischeehaft klingen, trifft aber trotz vorhandener Modernisierungstendenzen noch immer zu. Sicher ist es etlichen jungen Frauen inzwischen gelungen, sich aus den allzu engen Fesseln der traditionellen Sozial- und Familienstrukturen zu befreien. Doch daneben gibt es noch immer die jahrelang Trauer tragenden, schwarz gekleideten Witwen.

Stadtheilige

Bei den Feierlichkeiten zu Ehren der/des Stadtheiligen, dem bedeutendsten Fest jeder Gemeinde, wird man eine Mischung aus traditioneller Frömmigkeit und sprühender Lebensfreude spüren. An der Prozession nehmen alle mit großem Ernst teil, aber genauso wichtig ist das Konzert der Blaskapelle oder der Auftritt der Rockband – nie ohne das abschließende Feuerwerk.

Interessantes über Kultur, Alltagsleben und Mentalität finden Sie in dem Polyglott-Band **Land & Leute Italien.**

Wirtschaft

Ein Vergleich verdeutlicht die wirtschaftliche Lage des Mezzogiorno wohl am besten: Apulien, das etwa die gleiche Bevölkerungsstärke wie das Piemont besitzt, exportiert Waren im Wert von 9483 Milliarden Lire, Piemont von 50 307 Milliarden. Kalabrien, das etwas mehr Einwohner hat als Ligurien, führt Güter im Wert von 437 Milliarden Lire aus, Ligurien von 5364 Milliarden (bei der Basilikata sind es 2135 Milliarden). Die Gegenüberstellung anderer Wirtschaftsdaten ergäbe ein ähnlich deprimierendes Resultat.

Dabei steht Apulien von den drei Regionen noch am besten da. Traditionelle Schwerindustriezonen liegen um Taranto, Brindisi und Manfredonia, bei Bari wurde ein Industrie- und Forschungszentrum für neue Technologien geschaffen. Apulien verdankt seine relativ günstige Situation darüber hinaus seiner florierenden Landwirtschaft. Die Region liegt hinter der Emilia Romagna an zweiter Stelle beim Anbau von Hartweizen (für Nudeln) und bei Tafeltrauben auf Rang zwei hinter dem Veneto; sie ist der Hauptproduzent des Landes von Olivenöl und Wein. Die Ausbeute der apulischen Fischereiflotte wird nur von der Siziliens übertroffen. Doch Handel benötigt begleitende Infrastrukturmaßnahmen, und Süditalien profitierte weit weniger als der Norden von einer kontinuierlichen Förderung in dieser Richtung. Zudem fanden die ohnehin schon geringen Mittel oft genug den Weg in die Taschen der *'Ndrangheta* oder der *Sacra Corona Unità,* der kalabresischen bzw. apulischen Variante der Mafia. Erst allmählich bahnt sich eine Veränderung an: So gibt es etwa verstärkte Investitionen im Tourismusbereich. Andernorts gilt weiterhin wie schon seit Jahrhunderten: *O emigrante, o brigante* – in moderner Übersetzung: Entweder auswandern, um Arbeit zu finden, oder zur Mafia gehen.

Politik

Auf die enormen wirtschaftlichen und sozialen Probleme des Südens reagierten die Politiker der *Democrazia Cristiana* (Christdemokraten) vor allem mit Wahlgeschenken wie Frühpensionierungen, Invalidenrenten und anderen Hilfszahlungen. Echte Impulse zum Aufbau prosperierender Unternehmen und einer funktionierenden Infrastruktur gingen von Rom jedoch selten aus. Dennoch entschieden sich viele Süditaliener erst bei den letzten Wahlen für eine Abkehr von der traditionellen, inzwischen aufgelösten Regierungspartei und für das neue Mitte-Links-Bündnis *Ulivo.* Ob es seine Wähler im Süden halten kann, wird mit Sicherheit vom Gelingen der Fördermaßnahmen für den Mezzogiorno abhängen. Gerade hier erreichten die Exfaschisten der *Alleanza Nazionale* mit 18 % in Apulien, 14,5 % in der Basilikata und 23,5 % in Kalabrien hohe Stimmenanteile.

Steckbrief

Apulien

- **Provinzen:** Bari, Brindisi, Foggia, Lecce, Taranto
- **Hauptstadt:** Bari
- **Bevölkerung:** 4 090 068 Einw., Bevölkerungsdichte: 211 Einw./km²
- **Fläche:** 19 360 km²
- **Küste:** 830 km
- **Arbeitende Bevölkerung:** 36,5 % (Italien: 43 %), davon 16 % (Italien 10 %) arbeitslos

Basilikata

- **Provinzen:** Matera, Potenza
- **Hauptstadt:** Potenza
- **Bevölkerung:** 610 330 Einw., Bevölkerungsdichte: 61 Einw./km²
- **Fläche:** 9990 km²
- **Küste:** 59 km
- **Arbeitende Bevölkerung:** 37,1 %, davon 15,7 % arbeitslos

Kalabrien

- **Provinzen:** Catanzaro, Cosenza, Reggio di Calabria, Crotone, Vibo Valentia
- **Hauptstadt:** Catanzaro, Parlamentssitz: Reggio di Calabria
- **Bevölkerung:** 2 070 992 Einw., Bevölkerungsdichte: 136 Einw./km²
- **Fläche:** 15 080 km²
- **Küste:** 710 km
- **Arbeitende Bevölkerung:** 37 %, davon 23 % arbeitslos

Geschichte im Überblick

2. Jt. v. Chr. Einwanderung von Illyrern nach Apulien; griechische (mykenische) Händler siedeln in Apulien, der Basilikata und im ionischen Kalabrien.
8. Jh. v. Chr. Die apulischen Japyger gliedern sich in Daunier (Norden), Peuketier (Mittelapulien) und Messapier (Salento); in der Basilikata und Kalabrien leben samnitische Stämme.
Um 700 v. Chr. Gründung griechischer Kolonien in der Basilikata und Kalabrien, die sich bekämpfen.
5./4. Jh. v. Chr. Hellenisierung der einheimischen Völker; Lukaner in der Basilikata und Bruttier in Kalabrien bedrohen die griechischen Kolonien.
266 v. Chr. Brindisi wird römische Kolonie und zum wichtigsten Orienthafen des Römischen Reiches.
110 n. Chr. Bau der Via Traiana von Benevent nach Brindisi.
410 Der Westgote Alarich stirbt nach der Plünderung Roms in Cosenza.
6. Jh. Nach Beendigung der Gotenkriege werden Kalabrien, die Basilikata und Apulien byzantinisch.
570 Gründung des langobardischen Herzogtums Benevent.
Ab 7. Jh. Auseinandersetzungen der Langobarden mit Byzanz.
Mitte 9. Jh. Sarazenen errichten in Kalabrien und Bari zeitweilig feste Stützpunkte. Erneute Bedrohung nach der Eroberung Siziliens 902.
11. Jh. Bevölkerungszuwachs und steigende Wirtschaftskraft führen zu Revolten gegen Byzanz.
1071 Die Normannen erobern Bari.
1130 Roger II. vereint die süditalienischen Gebiete nach seiner Königskrönung in Palermo zu einem Staat.
1189 Kaiser Heinrich VI. erbt über seine Frau Konstanze das normannische Königreich.
1212–1250 Friedrich II. fördert die süditalienischen Regionen.
1266 Mit den französischen Anjou setzt ein Niedergang ein.
1442 Alfons V. von Aragon nimmt im Krieg um die Nachfolge der kinderlosen Anjoukönigin Johanna II. das Königreich ein.
1504 Sieg Ferdinands II. von Aragon-Kastilien über die Franzosen; spanische Vizekönige sitzen in Neapel. Armut und Ausbeutung der Bauern nehmen zu.
17./18. Jh. Verfall der Wirtschaft; Aufkommen des Brigantentums.
1708 Österreichische Truppen erobern im Zuge des Spanischen Erbfolgekrieges Süditalien.
1735 Karl von Bourbon, Sohn des spanischen Königs, erhält nach dem Sieg über die Österreicher das süditalienische Königreich; erste Reformen.
1806–1815 Franzosen beherrschen das Königreich.
1860 Anschluss an das italienische Königreich.
1908 Ein schweres Erdbeben zerstört Reggio di Calabria.
Sept. 1943 bis Febr. 1944 Brindisi ist Sitz der italienischen Regierung, da Rom von Deutschen besetzt ist.
1950 Gründung der Cassa per il Mezzogiorno zur Förderung des Südens.
2000 Die Regionalwahlen im April gewinnt die Mitte-Rechts-Koalition in Kalabrien und Apulien, die Mitte-Links-Koalition in der Basilikata.

Kultur gestern und heute

Frühzeit

Zu den frühesten künstlerischen Äußerungen Süditaliens gehören das rund 13 000 Jahre alte Felsbild des Urstiers in Papasidero (Kopie im Museo Nazionale Reggio di Calabria, s. S. 98) und die aus Ton modellierten weiblichen Figuren im Museum von Taranto.

Im 4. Jt. v. Chr. wird die Herstellung luftgetrockneter Tongefäße mit eingeritzten Mustern von der Produktion gebrannter Keramik mit brauner und roter Bemalung abgelöst. Aus der Eisenzeit (ab 1000 v. Chr.) stammen die ersten Gewandfibeln, Metallschmuck und -waffen.

Antike

Ab dem 8. Jh. v. Chr. bringen die griechischen Kolonisatoren neue Anregungen mit nach Süditalien. Ihre Keramik schmücken mythologische Themen. Bis 530 v. Chr. werden schwarze Figuren auf den Ton gemalt, dann rote auf schwarzen Grund. Auch die reichen »Süditaliener« decken ihren Bedarf durch Importe aus Griechenland und die Ware einheimischer Nachahmer.

Doch den Griechen verdankt Unteritalien mehr als nur die Vasenmalerei: Man denke nur an Pythagoras, der 538 v. Chr. nach Kroton übersiedelt. Jede griechische Kolonie besitzt Tempel (besonders gut erhalten in Metaponto), eine Agora, Theater und Amphitheater (Caulonia, Locri). Statuen, Votivgaben, Waffen und Architekturfragmente fanden den Weg in die reich ausgestatteten archäologischen Museen. Unter den unzähligen Funden nehmen der **Goldschmuck von Tarent (s. S. 75) und die **Bronzen von Riace im Museum von Reggio di Calabria, zwei der ganz wenigen erhaltenen original-griechischen Kriegerstatuen (s. S. 98), eine besondere Stellung ein.

Eine qualitätvolle eigene Kunst entwickeln auch die einheimischen Stämme Apuliens. Aus ihrer vielfältigen Keramikherstellung ragen die schwarz glänzenden Produkte mit weißen, gelben oder roten Zeichnungen heraus, die so genannte Egnazia-Keramik des 4./3. Jhs. v. Chr. Peuketische Stadtmauern sieht man noch in Altamura, messapische in Manduria.

Die Römer bauen nach ihrer Eroberung Süditaliens in der ersten Hälfte des 3. Jhs. v. Chr. zuerst Straßen. Die Städte entlang dieser Verkehrswege blühen auf, was die Amphitheater von Venosa, Lucera und Lecce sowie das Theater von Grumentum eindrucksvoll zeigen. Apulien fungiert als Roms Tor zum Orient. Die frühe Christianisierung der Region bezeugen die prächtigen Reste der Basilica San Leucio in Canosa di Puglia und die bei Ausgrabungen entdeckten Spuren frühchristlicher Kirchen.

Byzantinische Kunst

Die Rückeroberung von Apulien, Kalabrien und Teilen der Basilikata durch Byzanz Ende des 9. Jhs. spiegelt sich auch in der Kunst wider. Die Sakralbauten werden jetzt über dem Grundriss des griechischen Kreuzes mit gleich langen Armen errichtet, erhalten orientalisch anmutende Kuppeln (Otranto, Rossano, Santa Severina) und Mosaikfußböden (Santa Maria a Mare, Tremiti-Inseln). Fresken mit Heiligendarstellungen schmücken die

Bischofsthron in San Nicola, Bari

Wände unzähliger Eremiten- und Mönchsgrotten (Matera, Massafra, Mottola, Gravina in Puglia). Die großen Augen, die starre Haltung und die komplizierten Faltenwürfe der Gewänder sind typisch für diese Malerei, die als volkstümliche Votivkunst noch Jahrhunderte nach dem Ende der byzantinischen Herrschaft in Süditalien fortlebt. Gleiches gilt für die Mosaikkunst, die unter den Normannen erst ihren Höhepunkt erreicht (Otranto, Rossano, San Demetrio Corone). Noch heute werden die byzantinischen Ikonen überall sehr verehrt.

Romanik

Die zweite große künstlerische Blütezeit des Südens nach der griechisch-apulischen beginnt im 11. Jh. und fällt zeitlich mit der normannischen Eroberung zusammen. Bis um die Mitte des 12. Jhs. sind es jedoch nicht die neuen Herren aus dem Norden, sondern die selbstbewussten Stadtbürger, die das kulturelle Leben prägen. Der Prototyp der romanischen Kathedralen Apuliens, **San Nicola** in Bari, nimmt die dreischiffige Basilika der 1071 geweihten Mutterkirche der Benediktiner in Montecassino zum Vorbild. Diese Entscheidung für einen klar lateinischen Kirchenbau ist auch politisch motiviert und richtet sich gegen den weit verbreiteten griechischen Ritus. San Nicola zeichnet sich durch mehrere stilbildende Neuerungen aus: eine starke Vertikalität, bewirkt durch die extreme Höhe des Mittelschiffs, tiefe Blendarkaden an den Längsseiten, die wie Nischenreihen erscheinen, sowie die Ummantelung der drei Apsiden auf der Ostseite und ihre Gestaltung als Schauwand. Außerdem wird ein eigenständiger Portaltyp entwickelt: Zwei Löwen tragen jeweils eine Säule, auf deren Kapitell ein Bogen oder ein kleines Dach aufsetzen. Derartige Portale finden sich selbst noch an Renaissancekirchen in Apulien. Die Bildhauer widmen sich aber nicht nur der Bauskulptur, auch Altarbaldachine, Kanzeln und Bischofsstühle werden überreich ornamental und figürlich dekoriert. Als bahnbrechender Neuerer gilt im 11. Jh. Acceptus, dessen Werkstatt wahrscheinlich in Bari ansässig ist, und der an allen wichtigen Bauten seiner Zeit mitwirkt. Unter Friedrich II. greifen die Künstler wieder verstärkt antikes Ideengut auf. Diesem Milieu entstammt einer der bedeutendsten italienischen Bildhauer des Mittelalters, der Apulier Nicola Pisano, der hauptsächlich in der Toskana arbeitet.

Von den lateinischen Kirchenbauten der normannischen Eroberer in Kalabrien bleiben nach dem Erdbeben von 1783 einzig der **Dom von Gerace** und die Reste von **Santa Maria della Roccella** bei Catanzaro Marina übrig. Das bedeutendste Bauwerk der Basilikata, die Abteikirche **Santa Trinità** in Venosa, ist ebenfalls dem abendländischen Typus verpflichtet.

Wie in der Malerei existierten auch in der Architektur neben den lateinischen Formen weiterhin byzantinische Bauprinzipien. Die Kuppelkirchen Apuliens (Canosa di Puglia, Valenzano, Molfetta) stehen dafür ebenso wie die griechischen Sakralbauten Kalabriens (Stilo, Rossano).

Gotik

Erstes Zeugnis dieser Epoche ist der 1222 in Präsenz Friedrichs II. geweihte **Dom von Cosenza,** dessen großartiger Raumeindruck an die Zisterzienser-Architektur Frankreichs erinnert. Der eigentliche Siegeszug der Gotik erfolgt dann unter den neuen französischen Herren, den Anjou. Der Chorumgang des **Doms** und **San Sepolcro in Barletta** und die Strebepfeiler am **Dom von Lucera** stehen für die neue Tendenz.

Neapel ist nun die Hauptstadt des Reiches, und Apulien, Kalabrien und die Basilikata verkommen auch hinsichtlich der Kunst zu Provinzen. Die kostbaren Fresken in **Santa Maria del Casale** bei Brindisi, in Galatina, Soleto und Irsina sind dem persönlichen Engagement einzelner Adeliger zu verdanken.

Gleiches gilt für die wenigen gotischen Skulpturen: etwa das Grabmal der Isabella von Aragon in Cosenza, oder die kleine Insel toskanischer Kunst in Kalabrien, Altomonte.

Renaissance

Die wenigen Glanzleistungen der Renaissance entstehen aufgrund von Einzelinitiativen auswärtiger Künstler. Die bedeutendste Kunstform lokaler Prägung bildet die Herstellung volkstümlicher Steinkrippen. Stefano da Putignano (gest. 1530) entwickelt sich zum wichtigsten einheimischen Bildhauer seiner Zeit.

Malerei zwischen Renaissance und Barock

Während dieses Zeitraums dominieren den Kunstmarkt in Apulien Importwaren aus Venedig und dem Adriaraum, in Kalabrien neapolitanische und spanische Arbeiten. Allein die manieristisch bewegten Figuren Gianserio Strafellas (belegt um 1570) und die klar komponierten Werke des unbekannten, als »ZT« bezeichneten Meisters (1. Hälfte 16. Jh.) ragen aus der Masse apulischer Maler heraus.

Castello normanno, svevo oder aragonese?

Die meisten Burgen in Süditalien gehen auf die Normannen zurück, die recht einfache Bauten, oft schlichte Wehrtürme errichten. Die Staufer erweitern sie zu rechteckigen Kastellen, an den Portalen und im Inneren tauchen erste Skulpturen auf. Die Anjou bringen die gotischen Spitzbogen mit, die Aragonesen fügen die mächtigen runden Bastionen hinzu. Unter Karl V. und den Spaniern baut man entsprechend den neuen militärischen Erfordernissen die Lanzenbastionen an. Stilreine Kastelle aus einem Guss wird man – bis auf das Meisterwerk Castel del Monte – hier vergebens suchen. Die meisten Wehrtürme an den Küsten Apuliens und Kalabriens sind Bauten aus dem 16. Jh. und wurden zur Abwehr der Türken errichtet.

Barock

Blumenvasen und Grotesken, Bänder und Voluten – die Fassaden der barocken Kirchen und Paläste Lecces strotzen vor Dekor. Zwischen 1550 und 1750 scheint die Stadt neu zu entstehen. Während die Architektur oft den klaren Linien der Spätrenaissance folgt, sind Dekor und Ausstattung äußerst prunkvoll. Dieser Lecceser Stil ist eine eigenständige Entwicklung des in Süditalien weit verbreiteten Barock. Zu den charakteristischen Arbeiten gehören auch die großartigen Holzschnitzereien an Kanzeln und Chorgestühlen.

Kathedrale von Lecce, Eingangsportal

Feste & Veranstaltungen

- **Karneval:** Umzüge mit allegorischen Wagen in Putignano und Gallipoli.
- **Ostern:** **Karprozession** u. a. in Taranto und Gallipolli; **Karfreitagsfestlichkeiten** mit nachgestellten Kreuzwegstationen in Catanzaro; **Affruntata** in Vibo Valentia (Begegnung Christus und Maria).
- **Mai:** Historischer **Umzug und Prozession auf dem Meer zu Ehren des hl. Nikolaus** in Bari; **Patronatsfest** von San Cataldo mit Prozession in Taranto; nächtliche **Prozession** am Capo Colonna bei Crotone zu Ehren der Madonna; **Storica Processione dei Turchi** (Prozession in historischen Kostümen) in Potenza.
- **Pfingsten:** Malerische **Pfingstprozession** in spanischen Kostümen in Melfi.
- **Juli:** **Fest zu Ehren der Madonna della Bruna** mit Prozession in Matera; Spektakel und **Meeresprozession zu Ehren San Nicola Pellegrinos** in Trani; **Festival internazionale della Valle d'Itria** (Opern- und Gesangsfestival) in Martina Franca.
- **August:** Konzerte, Lichterprozession und Feuerwerk sind Höhepunkte der **Festlichkeiten zu Ehren des Stadtpatrons Sant'Oronzo** in Lecce; **Festival di Altomonte** (Theater, Oper, Konzerte und Ausstellungen) in Altomonte. **Corteo Storico** und **Torneo dei Rioni** (historischer Umzug zu Ehren Friedrichs II., Reiterspiele) in Oria.
- Im **August** organisieren fast alle Orte des Südens **Musikveranstaltungen.**
- **September:** **Disfida di Barletta** – Nachspielen des historischen Kampfs italienischer und französischer Ritter von 1503 in Barletta; **Festa della Madonna dei Martiri** mit Meeresprozession in Molfetta.
- **Dezember:** **Nikolausprozession** in Bari, **Fiera dei Pupi** mit Pappmaché- und Tonfigurenmarkt in Lecce.

Aus Küche und Keller

Schwarze, grüne, getrocknete, eingelegte Oliven: Sie sind im Süden fester Bestandteil der **Antipasti,** der kalten Vorspeisen, ohne die kein italienisches Menü beginnt. Gegrillte Auberginen, Zucchini und Paprikaschoten, eingelegte Artischocken und getrocknete Tomaten, Omelettstücke, Tintenfisch- oder Meeresfrüchtesalat, marinierte Sardellen, *ricotta,* Salami und Schinken vervollständigen das reichhaltige Sortiment. Eine besondere Spezialität sind *lampasciuni* bzw. *cipollizzi,* kleine bittere Zwiebeln, und hartes Brot, *frese* oder *frise* genannt, das mit Wasser benetzt und mit Tomaten eingerieben serviert wird.

Eigentlich ist man jetzt schon satt, aber wer kann den verlockenden **Nudelgerichten** *(paste)* schon widerstehen? Die typischen Nudeln Apuliens, *orecchiette* (»Öhrchen«), werden traditionell mit Rübensprösschen *(cima di rape)* gereicht. *Troccoli, fusilli, strascinati, maccarruni, cavatielli…:* Die Formen und Dialektnamen der hausgemachten Teigwaren variieren von Ort zu Ort, alle schmecken jedoch hervorragend. Wie die Kartoffelklößchen *(gnocchi)* können sie mit Fleisch- *(ragù)* oder Tomatensoße *(sugo di pomodoro)* und bestreut mit salzigem Käse *(ricotta salata)* aufgetischt werden. Besonders häufig findet man im Süden Nudelgerichte kombiniert mit Hülsenfrüchten, wie Kichererbsen und verschiedene Bohnensorten, vor allem in der Basilikata werden dann oft noch Miesmuscheln hinzugefügt.

Reis wird an der Küste mit Meeresfrüchten *(risotto alla marinara)* und

Fischmarkt in Bari

Tintenfischsoße *(risotto nero)* serviert. Fisch ist natürlich auch ein beliebtes **Hauptgericht** *(secondo).* Größere Fische werden gegrillt, im Rohr gegart oder gedünstet mit Tomatensoße verzehrt. Kleinere Fische wie Sardinen *(sarde)* und Sardellen *(acciughe)* isst man meist frittiert. Schwertfisch *(pesce spada)* und Thunfisch *(tonno)* kommen auf den Grill oder in die Pfanne. In der Basilikata und Kalabrien stehen auch Pilze und Wild auf dem Speiseplan. Auch Lamm *(agnello)* und Zicklein *(capretto)* aus dem Ofen sollte man versuchen. Spießchen mit Lamminnereien *('niumarieddi* oder *gnumirriddi)* gelten als Delikatesse. Als Beilagen gibt es Gemüse *(verdure)* neben Pommes frites und gemischtem Salat.

Das Essen endet mit *frutta,* Obst der Saison, *dolci,* Süßspeisen, die im Süden besonders kunstvoll zubereitet werden, oder *gelato,* hausgemachtem Eis, sowie dem üblichen Espresso. Anschließend stehen noch ein Zitronenlikör *(limoncello),* ein lokaler Magenbitter *(amaro)* und ein Nussschnaps *(nocino)* zur Auswahl.

Für zwischendurch findet man in den Bars meist kleine salzige Häppchen wie frittierte und gefüllte Teigtaschen *(rustici, panzerotti)* oder gefüllte, frittierte Reisbällchen *(arancini)* neben den klassischen *pizzette*.

Wenn es richtig heiß ist, verschaffen die *granite*, Getränke mit zerhacktem Eis darin, die es *al limone, al caffè* oder *alla menta* (Pfefferminze) gibt, Abkühlung. Fein ist dann auch eine Mandelmilch *(latte di mandorla)*, ein Eistee *(tè freddo)*, ein kalter Espresso mit Eiswürfeln *(caffè shakerato)* oder eine Pfefferminzmilch *(latte con la menta)*.

Wein

Die traditionellen Weine des Südens steigen einem leicht zu Kopf! Fast alle erreichen einen Alkoholgehalt von 13 Vol.-%. Die Roten sind robust, lebhaft und harmonisch im Geschmack, die trockenen und duftigen Roséweine besitzen viel Körper, die Weißen sind leicht feurig, von intensiv strohgelber Farbe und angenehmem Bouquet. Seit etlichen Jahren experimentieren auch die süditalienischen Winzer mit »neuen« Reben wie Chardonnay, Sauvignon und Pinot Bianco, die mit den einheimischen Sorten exzellente Flaschenweine ergeben.

In Apulien gehören die leichteren Weißweine (um 11,5 Vol.-%) wie der *Bianco di San Severo*, der *Castel del Monte* oder die ausgezeichneten Weißen der Valle d'Itria – allen voran der *Locorotondo* – zu den Spitzenprodukten. Im Salento werden traditionell die besten Roséweine produziert. Eine Spezialität der Region ist der trockene, duftige, sherryähnliche *Moscato di Trani*.

Der bekannteste Wein der Basilikata, der granatrote *Aglianico di Vulture*, überzeugt mit seinem frischen, vollen Geschmack. Schwere, gehaltvolle rubinrote Weine mit viel Körper werden in Kalabrien erzeugt. Zu den hoch geschätzten Weinen zählt der rubinrote, duftige *Cirò*. Der *Greco di Bianco* und der *Malvasia di Catanzaro* sind hervorragende Dessertweine.

Zum Picknick »salsicce« und »taralli«

Die unzähligen Wurstsorten Kalabriens und der Basilikata eignen sich hervorragend für ein opulentes Picknick. In Kalabrien meist mit roten, getrockneten Peperoni, in der Basilikata mit schwarzem Pfeffer scharf gewürzt sind die *salsicce*. Die *soppressata*, eine Art feine Salami, wird aus magerem Schweinefleisch hergestellt. Zu den einheimischen Spitzenprodukten sind auch vorzügliche Käsesorten zu rechnen: die *mozzarella*, die *burrata* (ein weicher, mozzarellaartiger Frischkäse), die *burrini* oder *butirri* (mit Butterstück in der Mitte), die *ricotta* (ein Frischkäse) und die festen Sorten *caciocavallo, provolone* und der geräucherte *scamorza*. Dazu isst man das hervorragende, mit Maismehl angereicherte Brot Apuliens. Auch die angebotenen Anisringe *(taralli)* und das kalabresische Ringbrot *(pitta)* schmecken ausgezeichnet.

Dem verführerischen, im Süden mit besonders großem Aufwand hergestellten Gebäck und den Süßigkeiten in den Auslagen der Konditoreien lässt sich wirklich nur schwer widerstehen!

Urlaub aktiv

Baden, Fischen, Segeln

Wassersport kann man außer in der Nähe von Häfen überall betreiben. Die Wasserqualität ist fast durchweg hervorragend. Zum Fischen eignen sich die Küstenabschnitte, eine Genehmigung ist nicht erforderlich. Für Seen und Flüsse ist eine Erlaubnis der Provinzialverwaltung einzuholen. Für Gerätetaucher im Meer gilt ein Jagdverbot, beim Schnorcheln darf man Tiere von maximal 5 kg harpunieren.

Wandern

Zum Wandern bieten sich vor allem die Nationalparks an, häufig sind die Wege jedoch nur mangelhaft markiert.

Geführte Wanderungen organisieren: **DAV Summit Club,** Am Perlacher Forst 186, 81545 München, Tel. 0 89/64 24 00, Fax 64 24 01 00 (Sentiero Italia in Kalabrien, bis in den Aspromonte);

- **Eco Gargano,** Largo R. Guiscardo 2, 71037 Monte Sant'Angelo, Tel./Fax 08 84 56 54 44 (im Nationalpark des Gargano, auch Wanderungen zu Flora und Fauna des Parks, u.a. auf Deutsch). Außerdem kann man sich an den italienischen Parkverband wenden: **Unione Parchi Italiani,** c/o Edenlandia, Viale Kennedy 76, Neapel, Tel. 08 15 93 77 11. Infos über Internet: www.trekkingitalia.com

Golf

Golfer können auf den Greens von Castellaneta Marina, Bari, Paola (in Cetraro) und Catanzaro einlochen. Informationen über die Golfplätze erhält man beim italienischen Fremdenverkersamt ENIT (s. S. 100).

Sand, Felsen, glasklares Wasser und Sonne für ideale Badeferien

Radfahren

Radtouren auf dem Gargano organisieren u. a. die Firmen

- **Rückenwind Reisen,** Sonnenstr. 43, 26123 Oldenburg, Tel. 04 41/48 59 70, Fax 4 85 97 22 (Mountainbiketouren)
- **Eco Gargano** (siehe Wandern), Tel./Fax 08 84 56 54 44 oder 0 36 87 38 81 33.

Kuren

Süditalien besitzt einige Thermalkurorte wie Torre Canne, Latronico, Lamezia Terme, Sibari und Guardia Piemontese. Die ENIT (s. S. 100) informiert mit der deutschsprachigen Broschüre »Thermalorte Italia«.

Wintersport

Ski fahren kann man im Lukanischen Apennin, in der Sila und im Aspromonte. Auskunft APT Potenza, Cosenza und Reggio di Calabria.

Unterkunft

Je nach Geschmack und Geldbeutel findet im Süden jeder eine Bleibe. Im August, vor allem um den 15., empfiehlt sich eine rechtzeitige Reservierung. Wer kann, sollte seinen Urlaub in die Vor- oder Nachsaison legen, im Juni und September ist es nicht ganz so heiß, die Preise sind bis zur Hälfte niedriger. Viele Küstenhotels schließen im Winter.

Hotels und Appartements vermitteln die APT-Büros für die jeweilige Provinz. Sie bringen jährlich ein kostenloses Verzeichnis der Hotels, Campingplätze und *Villaggi Turistici* (Appartementanlagen) heraus.

Campingplätze gibt es überall an der Küste (meist nur im Sommer).

Verzeichnisse erhält man bei den Fremdenverkehrsämtern (APT) und bei der **Federazione Italiana del Campeggio,** Via Vittorio Emanuele II 11, 50041 Calenzano/Firenze, Tel. 0 55 88 23 91, Fax 05 58 82 59 18.

Jugendherbergen gibt es in allen größeren Städten. Liste erhältlich bei: **Associazione Italiana Alberghi per la Gioventù,** Via Cavour 44, 00184 Rom, Tel. 0 64 87 11 52, Fax 0 64 88 04 92; www.hostels.aig.org.

Agriturismo, »Ferien auf dem Bauernhof«, wird immer beliebter:

Agriturist Basilicata, Corso Garibaldi 80, 85100 Potenza, Tel. 09 71 411 13 42, Fax 09 71 33 00 21.
Agriturist Calabria, Via S. Pinna 30, 88046 Lamezia Terme, Tel. 0 96 85 16 19, Fax 0 96 85 13 83.
Agriturist Puglia, Via Amendola 166/5, 70126 Bari, Tel. 08 05 48 45 69, Fax 08 05 48 45 73; www.agriturist.it.

Reisewege

Bahn

Direktverbindungen bestehen zwischen Basel und Lecce, zwischen Zürich und Lecce sowie zwischen München und Neapel.

Autoreisezüge verkehren von Deutschland nach Rimini und von Bozen, Mailand, Bologna, Venedig nach Villa San Giovanni/Reggio di Calabria, von Bozen nach Lecce und von Wien nach Ancona.

Auto

Ein gut ausgebautes, mautpflichtiges Autobahnnetz führt aus dem Norden entlang der tyrrhenischen Küste über Neapel (ab Salerno gebührenfrei) in die Basilikata und nach Kalabrien, entlang der adriatischen Küste über Ancona nach Apulien. Abgelegene Sehenswürdigkeiten sind oft nur mit dem Auto zu erreichen!

Bus

Das regionale Busnetz ist dicht und bedient fast alle Orte. Seine Benutzung ist empfehlenswert, da es – wie die Bummelbahnen – ausreichend Gelegenheit bietet, Land und Leute kennen zu lernen.

Flugzeug

Die apulischen (Foggia, Bari, Brindisi) und kalabresischen Flughäfen (Crotone, Lamezia Terme, Reggio di Calabria) werden nur von Chartermaschinen direkt angeflogen. Bei Linienflügen muss man grundsätzlich in Mailand oder Rom umsteigen.

Schiff

Schiffe verkehren in aller Regel von Genua und Livorno nach Neapel, weiterhin von Venedig und Ancona nach Bari und Brindisi.

Seite 30

Bari

Chaos mit Charme

Wie eine echte arabische Kasbah präsentiert sich die verschachtelte Altstadt von Bari mit ihren niedrigen, flach gedeckten weißen Häusern. Allerdings bestaunt man hier keine Moscheen, sondern ein Stauferkastell und zwei bedeutende romanische Kirchen. Den verwinkelten Gassen des mittelalterlichen Zentrums setzt die modern geprägte Neustadt ihre eleganten, im Schachbrettmuster angelegten Straßenzüge entgegen – größer könnte der Kontrast nicht sein! Die Hauptstadt (332 000 Einw.) der Region Apulien ist berühmt-berüchtigt für ihr Verkehrschaos und eine hohe Kriminalitätsrate. Doch dem Charme Baris wirklich den Garaus zu machen, das haben selbst diese Widrigkeiten bisher noch nicht geschafft.

Fischmarkt in Bari

Geschichte

Seit der Bronzezeit siedelten Menschen auf der Halbinsel des späteren Bari, wo schon die Peuketier einen Hafen anlegten. Nach der römischen Eroberung im 3. Jh. v. Chr. dämmerte der Ort als Provinzstädtchen dahin. 847 nahmen afrikanische Muslime die Stadt ein und machten sie für knappe 30 Jahre zu einem eigenständigen Emirat! Die Byzantiner erkoren Bari 876 zum Verwaltungssitz der Region und 975 zur Hauptstadt Süditaliens. Die selbstbewussten Bürger, die es dank des Mittelmeerhandels zu Wohlstand gebracht hatten, versuchten, die byzantinische Herrschaft mit normannischen Truppen abzuschütteln. Die vermeintlichen Helfer unterwarfen jedoch ihrerseits die Stadt, mit der 1071 schließlich die letzte byzantinische Bastion in Unteritalien fiel. Friedrich II. verlegte einen der sieben jährlichen Märkte *(fiere)* des Königreiches nach Bari – eine Handelstradition, die bis heute in der **Fiera del Levante** fortwirkt.

Unter Isabella von Aragon und ihrer Tochter Bona Sforza blühte der Adriahafen in der ersten Hälfte des 16. Jhs. noch einmal auf. Dann setzte ein lang anhaltender Niedergang ein, den erst die Französische Revolution beendete. Auf Veranlassung des Königs von Neapel, Gioacchino Murat, wurde ab 1813 die Neustadt angelegt. Der Aufschwung zum reichen Agrarzentrum nach der Einigung Italiens 1860 fand seine Fortsetzung in der Entwicklung Baris zum führenden Industrie- und Technologiezentrum des Südens.

Stadtrundgang: Altstadt

Tipp Die Altstadt von Bari ist ein malerisches und volkstümliches Viertel, das einen Besuch lohnt – allerdings mit der gebotenen Vorsicht. Ohne Schmuck, größere Summen Bar-

Seite 30

gelds, auffallende Handtaschen und offen getragene Fotoapparate fühlt man sich sicherer!

Der elegante Corso Vittorio Emanuele II trennt die Neustadt von den Gässchen der Altstadt. Den krönenden Abschluss der Prachtstraße zum Meer hin bildet das **Politeama ❶,** 1914 als Varietétheater eingeweiht. Dahinter öffnet sich das stimmungsvolle Rund des **Alten Hafens.** Nur wenige Schritte führen in die Altstadt zur **Piazza Mercantile.** Hier trafen sich einst die führenden Schichten Baris im prächtigen **Sedile dei Nobili** mit barocker Loggia.

**Basilica San Nicola ❷

Entlang der mittelalterlichen Stadtmauer kommt man zum bedeutendsten Monument Baris, dem Prototyp der romanischen Kirchen in Apulien. Der Bau wurde 1087 begonnen, um die Reliquien des hl. Nikolaus aufzunehmen. Seeleute aus Bari hatten diese 1087 bei einer Handelsfahrt nach Kleinasien »von Gott inspiriert« der türkischen Stadt Myra geraubt. Die sterblichen Überreste des im Orient wie im Abendland sehr verehrten Heiligen versprachen der Stadt ein ungeheueres Prestige. Der sofort einsetzende Pilgerstrom war für Bari äußerst profitabel. Noch heute wird zweimal jährlich mit großem Aufwand das Nikolausfest begangen (s. S. 22). Als Bauplatz wählte man das Gelände des ehemaligen byzantinischen Amtssitzes, womit die Basilika der Bürger auch symbolisch den Platz der weltlichen Autorität einnahm. Die künstlerische Verwirklichung des ehrgeizigen Vorhabens überzeugt noch heute. Hoch aufragend präsentiert sich die Fassade, die zwei auf Säulen aufsetzende Lisenen gliedern. Besonders das ***Mittelportal** besitzt ein reiches Baudekor. Die Vielfalt der Verzierungen an den Westportalen und den Eingängen auf beiden Seiten des Langhauses bezeugt byzantinische, islamische und antike Einflüsse. Besonders schön ist das erste Nordportal, die ***Porta dei Leoni.**

Mit der **Ostfassade** wurde erstmals eine Schaufassade zum Meer hin errichtet: Das prächtig gerahmte Mittelfenster von San Nicola musste für die per Schiff anreisenden Pilger wie ein verheißungsvolles Portal wirken.

Der dreischiffige Innenraum verlor durch die nach einem Erdbeben 1456 eingezogenen Stützbogen seine ursprüngliche Gestalt. Im Altarbereich steht hinter dem orientalisch anmutenden ältesten ***Ziborium** dieser Art in Apulien (um 1150) der ****Bischofsstuhl des Elias.** Während der obere Teil noch traditionell aus durchbrochenen und mit Mustern verzierten Marmorplatten gebildet wird, weist der untere Teil eine vollplastische, völlig neuartige Ausführung auf. Zwei Trägerfiguren halten den Thron, wobei ihnen ein Pilger hilft.

Man sollte noch einen Blick in die 1089 fertig gestellte neunschiffige ***Krypta** werfen, allein wegen der 28 Säulen aus verschiedenen, seltenen Steinarten – auch das Museo der Basilica lohnt den Besuch (Besichtigung auf Anfrage).

**Kathedrale San Sabino ❸

Als Bari 1156 nach dem Tode des Normannenkönigs Roger II. eine Rebellion wagte, zerstörte sein Sohn und Nachfolger Wilhelm I. die Stadt bis auf San Nicola und vertrieb ihre Bewohner. Nach dem Tod Wilhelms I. 1166 durfte die Bevölkerung zurückkehren.

Die romanische Basilica San Nicola, Bari

Seite 30

Im Zuge des Wiederaufbaus wurde auch die Kathedrale San Sabino auf den Resten ihrer byzantinischen Vorgängerin nach dem Vorbild von San Nicola erneuert. Alles, was dort geplant war, aber nie ausgeführt wurde, sollte nun verwirklicht werden. So verstecken sich auch die Chorapsiden von San Sabino hinter einem geraden Abschluss und machen die ***Ostseite** zu einer prachtvollen Schaufront. Ihr Mittelfenster übertrifft das Modell noch: Bogen und Gesimse sind mit pflanzlichen und tierischen Motiven reich verziert, klassisch schöne Elefanten und Sphingen machen es zu einem Hauptwerk der romanischen Skulptur des 12. Jhs. Die großartigen Fensterrosen des Querhauses, aber vor allem auch die Westfassade mit ihren meisterhaften Skulpturen, bilden eine Neuheit im Vergleich zu San Nicola.

Das Mittelschiff ragt hoch auf, seine dreigeschossige Wand ruht auf Rundbogenarkaden mit schlanken Säulen. ***Kanzel** und ***Ziborium** wurden erst Mitte des 20. Jhs. aus Originalteilen wieder zusammengesetzt. Die Kanzel stammt aus dem 11./12. Jh.,

1. Politeama
2. Basilica San Nicola
3. Kathedrale San Sabino
4. Teatro Petruzzelli
5. Pinacoteca Provinciale
6. Museo Archeologico
7. Fiera del Levante (Messegelände)
8. Stadion San Nicola

den Altarbaldachin fertigte Alfano da Termoli im 13. Jh. Die barock umgestaltete zwölfeckige Taufkapelle, *Trulla,* betritt man vom linken Schiff aus.

***Castello Svevo**

Das imposante Kastell errichteten die Normannen am Rand der Altstadt zur Kontrolle des rebellischen Bari. Die mächtigen Eckbastionen wurden zu Beginn des 16. Jhs. angelegt, um die Residenz der Isabella von Aragon zu schützen. Friedrich II. ordnete den Bau der trapezförmigen Anlage mit den hohen Wehrtürmen 1233 an.

Unter der Freitreppe des Innenhofes des Castello Svevo liegt der Zugang zur äußerst sehenswerten ***Gipsoteca Provinciale.** Dank der hier ausgestellten Gipsabgüsse kann man die sonst oft weit oben angebrachten Skulpturen einmal aus nächster Nähe betrachten (Öffnungszeiten: Di–Sa 9 bis 13, 15.30–19, So 9–13 Uhr).

Neustadt

In der rechtwinklig angelegten Neustadt vom Beginn des 19. Jhs. stechen seit der Mussolinizeit einige Monumentalbauten ins Auge. Vom 1903 eingeweihten ***Teatro Petruzzelli ❹** steht nur noch die prunkvolle Fassade. Der Stolz Baris – das Theater war das viertgrößte Opernhaus des Landes – wurde 1991 das Opfer von Brandstiftern.

Die ****Pinacoteca Provinciale ❺** ist im dritten Stock des Palazzo della Provincia untergebracht. Die umfangreichste Gemäldesammlung der Region bezeugt u. a. mit Arbeiten Tintorettos und Veroneses sowie der Familie Vivarini die enge Verbindung von Apulien und Venedig. Weitere Glanzpunkte sind die italienische Malerei des 18. und 19. Jhs. Zu sehen sind zudem Skulpturen aus der Werkstatt des Acceptus und neapolitanische Krippenfiguren (Öffnungszeiten: Di–Sa 9.30 bis 13, 16–19, So 9–13 Uhr).

Seite 30

Tipp Rund um die Via Sparano liegt die Fußgängerzone mit eleganten Geschäften und Cafés. Einen Besuch lohnt das Bekleidungshaus **Mincuzzi** (1895) in einem Jugendstilbau (Nr. 71). Richtung Bahnhof hat der wichtigste Verlag Süditaliens, **Laterza,** seine Hauptbuchhandlung. Für eine Pause eignet sich die alte elegante Bar **Stoppani** (Via Roberto da Bari 74).

Einladend wirkt die Piazza Umberto I mit ihren gepflegten Anlagen. Das imposante Gebäude (Palazzo Ateneo) der Universität – eine der wichtigsten Süditaliens – beherbergt auch das ****Museo Archeologico ❻** (in restauro, Termin der Neueröffnung steht noch nicht fest, Auskunft erhalten Sie unter Tel. 08 05 21 15 59, 08 05 21 15 79 oder 08 05 21 15 76).

Tipp Zwei moderne Bauten außerhalb der Stadt lohnen einen Besuch. Direkt am Meer Richtung Giovinazzo bietet das Messegelände **Fiera del Levante ❼** aus den 30er Jahren des 20. Jhs. ein wildes Stilgemisch aus orientalischem Serail und Romanik, ganz in Orange! An der SS 271 Richtung Bitritto erinnert das neue ***Stadion San Nicola ❽**, das der Architekt Renzo Piano für die Fußballweltmeisterschaft 1990 entwarf, an ein gelandetes Raumschiff.

Infos

i **APT,** Piazza Moro 33/A,
Tel. 08 05 24 23 61,
Fax 08 05 24 23 29; und
Via Bozzi 45/C, Tel. 08 05 40 47 58,

Seite 30

Fax 08 05 40 58 10, im Internet: www.pugliaturismo.com.

Sheraton Nicolaus, Via Cardinale A. Ciasca 9, Tel. 08 05 04 26 26, Fax 08 05 04 20 58. Luxushotel mit allem Komfort und feinem Restaurant, außerhalb. ○○○

▮ **Grand Hotel Leon d'Oro,** Piazza Moro 4, Tel. 08 05 23 50 40, Fax 08 05 21 15 55. Gepflegtes Hotel beim Bahnhof. ○○○

▮ **Giulia,** Via Crisanzio 12, Tel. 08 05 21 66 30, Fax 08 05 21 82 71. Nettes Hotel im ersten Stock; nahe der Universität. ○○

▮ Im Stockwerk darüber, **Romeo,** Tel./Fax 08 05 23 72 53. ○○

Al Pescatore, Piazza Federico II di Svevia 8, Tel. 08 05 23 70 39. Hervorragende Fischspezialitäten, Tische auch im Freien, beim Kastell. ○○○

▮ **La Credenze,** Via Verrone 15/Arco Sant'Onofrio, Borgo Antico, Tel. 08 05 24 47 47, Mi Ruhetag. Typische Bareser Küche mitten in der Altstadt. ○○○

▮ **Osteria delle Travi,** Largo Chiurlia 12. Familienbetrieb mit typisch Bareser Küche: *orecchiette* und Fisch. ○○

▮ **Il Castello,** Corso Vittorio Emanuele II 45. Kleines Restaurant mit guter Hausmannskost und empfehlenswerten Fischgerichten. ○

Il Salumaio, Via Piccinni 168. Kleine Erzeuger aus Apulien, der Basilikata und Kalabrien beliefern diesen Delikatessenladen.

▮ **De Carne,** Via Celefati 128. Das Feinkostgeschäft offeriert neben Wurst, Frischkäse, Olivenöl und Nudeln auch fertige Gerichte zum Mitnehmen.

**Lecce

Barock im Süden

Ein festliches Barockensemble in honigfarbenem Tuffstein – so präsentiert sich die Provinzhauptstadt (101 000 Einw.) auf dem Absatz des italienischen Stiefels. Zwischen 1550 und 1750 erlebte die Metropole des Salento eine wirtschaftliche und künstlerische Blütezeit, aus der die Altstadt völlig verwandelt hervorging. So erwartet heute ein geschlossenes Ensemble typischer Lecceser Barockarchitektur die Besucher. »Das Florenz des Barock«, wie die Italiener Lecce nennen, ist immer noch eine wohlhabende Stadt, die dank ihrer Universität auch eine etwas lebhaftere Atmosphäre besitzt.

Geschichte

Eine erste Glanzzeit erlebte der ehemalige messapische Ort Sybar 102, als er zur römischen Kolonie erhoben und entsprechend ausgebaut wurde. Doch schon bald verlor er seine Funktion als Zentrum des Salento an die Nachbarstadt Otranto. Erst mit der Erhebung zur Grafschaft unter den Normannen begann ein neuer Aufschwung, der seinen Höhepunkt ab 1166 unter Tankred von Lecce, dem späteren normannischen König, erreichte. Unter den Anjou als Lehen an adelige Familien vergeben, kehrte die Stadt 1463 unter die direkte Herrschaft des aragonesischen Königshauses zurück. Im 16. Jh. wurde Lecce wichtigster Stützpunkt des spanischen Süditalien gegen die Türken. Militär und Beamte zogen in die Stadt, denen bald die neuen Orden der Gegenreformation folgten – und alle benötigten repräsentative Bau-

Seite 35

ten. Ab Mitte des 16. Jhs. bekam Lecce über 20 neue Kirchen und zehn Klöster. Hinzu kamen Schulen, Seminargebäude und Hospitäler. Auch auf dem Gebiet des kulturellen Lebens eiferte man der Hauptstadt nach, sodass Lecce schon im 17. Jh. den Beinamen Klein-Neapel erhielt. Erfolglos verliefen allerdings die Aufstände des aufgeklärten Bürgertums gegen die konservative spanische und bourbonische Herrschaft. Nach der Einigung Italiens 1860 setzte sich nun das gleiche grundbesitzende Bürgertum für die Beibehaltung der bestehenden, die landlosen Bauern benachteiligenden Agrarstrukturen ein. Dies änderte erst die Bodenreform von 1950. Neben der Verwaltung und der Universität blieb die Landwirtschaft, vor allem mit dem Anbau von Wein und Tabak, bis heute ein wichtiger Wirtschaftszweig der prosperierenden Stadt.

Stadtrundgang

Tipp Es lohnt sich, in Lecce, ab und zu mal einen Blick nach oben zu werfen. Die überschwängliche und detailreiche Barockdekoration der Kirchen und Paläste ist hier einmalig.

Piazza Sant'Oronzo

Zentrum von Lecce ist seit der Antike die belebte Piazza Sant'Oronzo mit der 5 m hohen Statue des Stadtheiligen. Er schaut von der ehemaligen Endsäule der Via Appia herunter, die Einwohner Brindisis Lecce nach der Pest von 1656 geschenkt hatten (s. S. 64). Der **Palazzo del Sedile ❶** war Versammlungsort der städtischen Führungsschicht. Das römische **Amphitheater ❷** aus dem 2. Jh. wurde mit Rücksicht auf andere Gebäude nur zur Hälfte freigelegt. Es fasste einst 20 000 Zuschauer.

In Lecces Altstadtgassen lohnt der Blick nach oben

Das **Alvino** an der Piazza Sant'Oronzo ist das älteste Café der Stadt. Hier gibt es ausgezeichnete *rustici, panzerotti* (frittierte pikante Teigtaschen) und gefüllte Kroketten. In der Bar **Tito Schipa,** benannt nach Lecces berühmtem Tenor, sollte man einen Aperitiv trinken – dazu gibt's himmlische Häppchen.

Die Hauptflaniermeile von Lecce, die Via Vittorio Emanuele II, führt von der Piazza Sant'Oronzo direkt auf die festliche Fassade der 1591–1639 errichteten Theatinerkirche ***Sant'Irene ❸** zu (Öffnungszeiten: tgl. 7.30–11, 17 bis 19 Uhr). Die klare architektonische Struktur weist noch in die Renaissance, die verspielte Dekoration in die Barockzeit. Die hl. Irene war bis zur Pest im Jahr 1656 Stadtpatronin. Im hohen, hellen Innenraum der Kirche kommen die prachtvollen ***Altäre** mit ihren gedrehten, von Pflanzendekor umrankten Säulen gut zur Geltung.

Rund um die *Piazza del Duomo

Wie eine Theaterkulisse öffnet sich die Piazza del Duomo dem Blick. Das barocke Ensemble mit Campanile, Dom,

Seite 35

Der hl. Oronzo blickt von der barocken Schauwand des Doms

Verspielt und verschnörkelt: der Brunnen im Priesterseminar

Bischofspalast und Seminargebäude erscheint wie aus einem Stück gegossen. Bedeutenden Meister des Leccese Barock haben hier mitgearbeitet.

Giuseppe Zimbalo, einer der federführenden Architekten in der Hauptphase der Stadterneuerung, entwarf den fast 70 m hohen, sich nach oben verjüngenden Campanile und den im 17. Jh. umgebauten ***Dom Sant'Oronzo** ❹. Von der prächtigen und verspielten ***Schauwand** herab grüßt der hl. Oronzo. Mit Rücksicht auf die Gesamtanlage hat man die Nordfront zur Hauptfassade erhoben. Das dreischiffige Innere wirkt fast überdimensioniert und etwas zu protzig, doch überzeugen viele Details durch ihre feine Ausführung. Nicht satt sehen kann man sich an den detailreichen ***Altären** mit gedrehten Säulen, Pflanzendekor und Engelsköpfen. Die große Tradition apulischer Krippen wahrt die Skulpturengruppe (zweite Kapelle links) des gebürtigen Leccesers Gabriele Riccardi. Der Bildhauer war einer der führenden Baumeister des Frühbarock.

Rechts neben dem Dom steht der 1632 wieder aufgebaute **Bischofspalast** ❺ mit seiner eleganten Loggia. Den angrenzenden ***Palazzo del Seminario** ❻ schuf 1694–1709 Giuseppe Cino, führender Architekt des Spätbarock. Markante Pilaster verleihen der Fassade des bischöflichen Priesterseminars eine klare Gliederung, in deren Rahmen sich üppigstes Baudekor entfalten kann. Im Innenhof überrascht ein verspielter ****Brunnen.**

Mehr Barockes gibt's in der Via Libertini, die die *Porta Rudiae von 1703 optisch abschließt. Die **Fassade der benachbarten ***Chiesa del Rosario** ❼ wirkt mit dem in Stein gehauenen Buschwerk, in dem sogar Vögel sitzen, fast wie ein Gemälde. Giuseppe Zimbalo schuf hier um 1700 sein letztes und bizarrstes Meisterwerk. Die Schaufront verbirgt einen achteckigen *Innenraum mit vier Kreuzarmen.

Das unweit des Domplatzes ausgegrabene **Teatro Romano** ❽ ist das einzige bisher in Apulien entdeckte römische Theater. Neu eröffnet wurde das **Museo del Teatro Romano.**

Seite 35

Typische Lecceser Barockpaläste flankieren den Weg zur Kirche ***San Matteo ❾**. Konvex oder konvav? Erst beim genauen Hinsehen erkennt man die Raffinesse der *Fassade. Ein markantes Gesims teilt sie in zwei unterschiedlich geschwungene Geschosse.

*Museo Provinciale Sigismondo Castromediano ❿

Die didaktische Abteilung des Museo Provinciale Sigismondo Castromediano informiert über die Frühgeschichte bis zu den Messapiern: Neben Keramik und Münzen sind die noch farbigen *Türflügel eines messapischen Grabmals aus Lecce zu sehen. Die lebensgroßen Statuen stammen aus

❶ Palazzo del Sedile
❷ Amphitheater
❸ Sant'Irene
❹ Dom Sant'Oronzo
❺ Bischofspalast
❻ Palazzo del Seminario
❼ Chiesa del Rosario
❽ Teatro Romano
❾ San Matteo
❿ Museo Provinciale Sigismondo Castromediano
⓫ Palazzo del Governo
⓬ Basilica Santa Croce
⓭ Porta Napoli
⓮ Santi Niccolò e Cataldo

Seite 35

Der Topolino gehört zum südlichen Straßenbild – und gelegentlich braucht das »Mäuschen« Sonnenschutz …

Schwelgen im Detail kann man an der Fassade von Santa Croce

dem Amphitheater. Die Gemäldesammlung mit der herrlichen Ikonostase aus der griechisch-orthodoxen Kirche San Nicola dei Greci wird Ende 2001 wieder eröffnet. (Öffnungszeiten: So–Fr 9–13.30, 14.30–19.30 Uhr).

Vom Kastell zur *Porta Napoli ⓭

Abweisend wirkt das mächtige Kastell, das Kaiser Karl V. im 16. Jh. gegen die Türken mit den für die damalige Zeit so charakteristischen Lanzenbastionen errichten ließ (noch in restauro). Der benachbarte Stadtpark lädt zu einer Pause im schattigen Grün ein. Ganz in der Nähe liegt der berühmteste Barockkomplex Lecces, das ehemalige Zölestinerkloster. Es besteht aus den einstigen Konventsgebäuden, heute als **Palazzo del Governo ⓫** Sitz der Regierung der Provinz, und der ****Basilica Santa Croce ⓬**. Ihre **Schauseite folgt der klaren Struktur von Renaissancefassaden, die jedoch auf einzigartige Weise mit einer überreichen, detailverliebten Barockdekoration kombiniert wird. Originell sind die Menschen- und Tierfiguren, die den Balkon stützen. Klassisch in seinen Proportionen ausgewogen und doch überschwänglich dekoriert gibt sich auch das Innere.

Durch die ***Porta Napoli ⓭**, einen 1548 zu Ehren von Karl V. erichteten Triumphbogen, gelangt man zur einzigen noch erhaltenen mittelalterlichen Kirche von Lecce. Eine achteckige orientalische *Kuppel und der kleine Glockenturm weisen dem Besucher den Weg. Giuseppe Cino setzte 1716 die Barockfassade vor die im Jahr 1180 von Tankred von Lecce gestiftete Kirche ***Santi Niccolò e Cataldo ⓮**. Das romanische *Portal und das Rundfenster blieben unverändert erhalten.

Infos

APT, Via Monte San Michele 20, 73100 Lecce, Tel. 08 32 24 80 92, Fax 08 32 31 02 38; Infobüro Via Vittorio Emanuele 24, Tel. 08 32 24 80 92, Fax 08 32 33 24 63. Vermittlung von deutschsprachigen Führungen.

Risorgimento, Via Imperatore Augusto 19, Tel. 08 32 24 21 25, Fax 08 32 24 55 71. Ältestes Hotel Lecces in der Altstadt, gutes Restaurant mit Jugendstilambiente. ❍❍–❍❍❍

Cappello, Via Montegrappa 4, Tel. 08 32 30 88 81, Fax 08 32 30 15 35. Modernes Hotel in Bahnhofsnähe. ❍

Gino e Gianni, Via Adriatica, Tel./Fax 08 32 39 92 10, 2 km

Seite 35

Richtung Brindisi. Sehr gute Fischgerichte, eines der Spitzenrestaurants der Gegend. ❍❍❍

▮ **Tre Moschettieri,** Via Paisiello 9 A, Tel. 08 32 30 84 84. Freundlicher Service, regionale Spezialitäten. So Ruhetag. ❍–❍❍

▮ **Trattoria Cantoro,** Via Tenente Colonello Costaduro 178. Typisch apulische Hausmannskost, nur Tagesgerichte. Die *concetta* wird tgl. außer Mo frisch zubereitet. ❍

Kunsthandwerk findet man im **Consorzio Artigiani della Provincia di Lecce,** Via Rubichi 21. Typische Produkte des Salento wie Wein, in Öl Eingelegtes, Nudeln und ausgesuchte Kekse gibt's bei **Quattro Spezierie,** Via Di Biccari 28/30, und bei **Valentina,** Via Arcivescovo Petronelli 3. Skulpturen, Lampen und Tische aus dem örtlichen Stein *(pietra leccese)* erwirbt man bei **Giannone,** Via Vittorio Emanuele 82. Jeden letzten So im Monat (außer Aug.) findet beim Kastell ein **Antiquitätenmarkt** statt.

Tipp **Musica d'Organo:** Im Oktober erklingen in den Kirchen von Lecce und der Provinz beim Orgelmusikfestival alljährlich feinste Töne.

Figuren aus Pappmaché

Lecce ist die Stadt der *cartapesta,* der Pappmachéfiguren, die auch ein ideales Mitbringsel sind. Erhältlich sind sie z. B. bei **Arte della Cartapesta,** Via Vittorio Emanuele 33, und bei **Bottega di Cartapesta,** Via dei Perroni 20. Eine der besten Werkstätten, die noch das Ambiente des 19. Jhs. besitzt, leitet **Mario Di Donfrancesco,** Via D'Amelio 1.

Romanische Skulptur im Portalbogen von Santa Maria di Cerrate

Ausflüge

Östlich von Lecce (110 km)

Nicht nur mittelalterliche Kunst, sondern auch ein Volkskundemuseum, das sogar für Kinder zum Erlebnis wird, bietet das Kloster ***Santa Maria di Cerrate** 15 km nördlich von Lecce. Einsam erhebt es sich in der weiten Landschaft zwischen Squinzano und der Adria. Inmitten der stimmungsvollen Anlage steht die romanische *Kirche, die Tankred von Lecce errichten ließ, nachdem ihm laut einer Legende auf der Jagd die Madonna im Geweih eines Hirsches (ital. *cervo,* daher *cerrate*) erschienen war. Der äußerste Bogen um das Portal zeigt Szenen aus dem Neuen Testament.

Zahlreiche byzantinisch wirkende *Fresken beleben die dreischiffige Basilika. In den Nebengebäuden gibt das **Museo delle Arti e delle Tradizioni popolari del Salento** Einblick in die traditionelle Kultur des Salento. Keramiken, Ölmühlen, eine eingerichtete Küche und ein Schlafzimmer gehören zu den Exponaten (Öffnungszeiten: Di–So 9–13.30, 14.30–19.30 Uhr).

Wer jetzt eine erfrischende Abkühlung im Meer sucht, findet zwischen Torre Rinalda, Torre Chianca und San Cataldo, dem Badeort der Lecceser, feine Sandstrände. Südlich von San

Seite 35

In Roca Vecchia findet jeder ein sonniges Plätzchen am Meer

Cataldo folgen kleine Sandbuchten zwischen Felsen, vor San Foca liegen kleine Eilande direkt vor der Küste. Ein herrlicher Platz ist auch **Roca Vecchia** mit interessanten Megalithmauern, Nekropolen und Grotten.

Eine der schönsten Badebuchten findet sich bei ***Torre dell'Orso.** Der weite Sandstrand öffnet sich hinter einem Pinienwald, das Wasser leuchtet smaragdfarben, schroffe Felsen rahmen die Bilderbuchbucht ein. Dann weitet sich das Panorama, unten leuchten die **Alimini-Seen** in tiefblau. Shuttle-Busse bringen im Sommer die Badegäste von den Parkplätzen zu dem traumhaften, gepflegten Sandstrand. Auch hier breitet sich die Dünenlandschaft direkt vor den grünen, Schatten spendenden Bäumen aus.

Weinorte im inneren Salento (50 km)

Westlich von Lecce erstreckt sich eine weite, sanft gewellte Landschaft. Ihre kleinen Weinbauorte bestehen aus niedrigen weißen Häusern; die Gutshöfe verstecken sich zwischen Olivenbäumen oder liegen inmitten des Reblands. Produziert werden traditionell ein robuster, schwerer Rotwein und der berühmte vollmundige Rosé. Jüngeren Datums ist der Anbau der weißen Chardonnay-Rebe. Sowohl die Genossenschaften *(Cantine sociali)* als auch einzelne Winzer verkaufen ihre Erzeugnisse direkt.

Das Zentrum des Weinbaus ist **Salice Salentino,** eines der typischen weißen Städtchen dieser Gegend mit einer hübschen barocken Pfarrkirche.

Tipp Den Wein von Baron **Leone de Castris** schätzt man über die Landesgrenzen hinaus. In seinem Keller (Via Senatore de Castris 48) reifen

Five Roses

Den wohl bekanntesten Roséwein des Salento keltert das Weingut Leone de Castris. Dieser Wein ist übrigens der erste Rosé überhaupt, der in Italien auf Flaschen gezogen verkauft wurde. Und was für Flaschen! 1944 herrschte akuter Mangel an geeigneten Gefäßen, aber die nordamerikanischen Besatzungstruppen wollten keinesfalls auf diesen hervorragenden Wein verzichten. Und so wurde der lokale Rosato in kanadische Bierflaschen abgefüllt. Den Soldaten schmeckte der Wein so gut, dass sie ihn angesichts seiner Farbe und in Erinnerung an den Bourbon »Four Roses« *Five Roses* tauften. Bei diesem Namen ist es bis heute geblieben. Im Weinkeller des Barons kann man noch eine der Bierflaschen mit Rosato bewundern. Gewonnen wird der duftige, leicht herb schmeckende Wein aus 90 % Negroamaro- und 10 % Malvasia-Nera-Trauben.

u. a. der hervorragende Rosé *Five Roses,* der ausgezeichnete Weiße *Donna Lisa DOC,* der klassische Rote *Salice Salentino DOC* und der süße *Aleatico*-Dessertwein. Am anderen Ortsende liegt die **Winzer-Kooperative** (Via Maria Cristina). Hier gibt es nur offenen Wein, der sich aber hinter den Weinen mit Prädikat nicht verstecken muss.

Villa Donna Lisa, Via F. Marangi, 73015 Salice Salentino, Tel. 08 32 73 22 22, Fax 08 32 73 22 24. Hervorragende Küche in stilvollem Ambiente hinter der Kellerei de Castris. Gepflegtes Hotel mit Garten. OO

Weinreben säumen die Straße, die über Veglie nach **Leverano** führt. Hier sollte man einen Blick auf den eleganten Wehrturm Friedrichs II. und die reich verzierte Fassade der Pfarrkirche im Zentrum werfen.

Der rote Komplex im Pinienhain an der Straße Richtung Porto Cesareo gehört der **Cantina Zecca.** Die große Weinauswahl umfasst z. B. einen spritzigen *Pinot di Chardonnay* oder *Novello Salice Salentino.* Dahinter bietet die **Cantina sociale Torre Vecchia** (Via Marche) gute und günstige offene wie auch Flaschenweine an.

Copertino ist der Heimatort des einzigen bedeutenderen apulischen Malers der Renaissance, Gianserio Strafella. Es besitzt einige Arbeiten des Künstlers. Zu sehen sind sie in dem imposanten Kastell mit prächtigem Renaissanceportal und in der Rokokokirche **Madonna delle Nevi.**

Kurz vor Lecce wird in **Monteroni di Lecce** ein hervorragender Tropfen gekeltert, z. B. bei Apolloni. Empfehlenswert sind der weiße Aperitifwein *Elfo* aus der lokalen Rebe Bombino und der vollmundige Rote *Copertino DOC.*

Cosenza

Seite 42

Kalabriens heimliche Hauptstadt

Am Zusammenfluss von Crati und Busento liegt, umgeben von bewaldeten Bergzügen, Cosenza (87 000 Einw.). Die lebhafte, aber nicht chaotische Universitäts- und Verwaltungsstadt besteht aus dem historischen Zentrum auf dem Pancrazio-Hügel und dem modernen Cosenza im breiten Flusstal des Crati. Jedes Viertel hat sogar eine eigene Flaniermeile: Am Abend ist der Corso Telesio in der Altstadt zu bevorzugen, während der Geschäftszeiten der Corso Mazzini in der Neustadt. Prächtige Barockbauten, ein mächtiges Kastell und zahlreiche angenehme Kneipen laden zu einem Aufenthalt in Cosenza ein.

Geschichte

Cosenza geht auf die Hauptstadt der Bruttier zurück, die ab dem 4. Jh. v. Chr. die griechischen Kolonien an der Küste bedrohten. Nach der Niederlage Hannibals, auf dessen Seite die Cosentiner standen, besetzten die Römer 204 v. Chr. die Stadt. Ihr wirtschaftlicher Aufstieg begann im Jahr 132 v. Chr. mit der Anlage der Via Popilia, die bis nach Reggio di Calabria führte.

410 n. Chr. starb der Westgotenkönig Alarich nach der Plünderung Roms bei Cosenza und wurde im Flussbett des Busento begraben – eine Legende, die August von Platen in seiner Ballade »Grab am Busento« dichterisch umsetzte.

Im 8. und 9. Jh. gehörte die Stadt zum Reich der Langobarden, unter

Seite 42

den Normannen wurde Cosenza Verwaltungssitz des Crati-Tals und blieb auch in den folgenden Jahrhunderten das Zentrum Nordkalabriens. Als einer der wenigen Städte des Südens gelang es Cosenza stets, seine Unabhängigkeit – sprich direkte Unterstellung unter den König – zu bewahren. Künstlerisch stark von der Hauptstadt Neapel geprägt, konnte Cosenza seit dem 16. Jh. kulturell mithalten. Diese Blütezeit verdankte es der Gründung der humanistischen, bis heute existierenden Akademie und einem der bedeutendsten Naturphilosphen seiner Zeit, dem Cosentiner Bernardino Telesio (1509–1588). Ende des 19. Jhs. begann nach der Trockenlegung der malariaverseuchten Sümpfe entlang Crati und Busento der Bau der Neustadt.

Stadtrundgang

*San Domenico ❶

An der Schnittstelle zwischen Alt- und Neustadt liegt der vielleicht interessanteste Klosterkomplex der Stadt. Die Gebäude des 1448 von der Familie Sanseverino gestifteten Konvents befinden sich heute in Militärbesitz. Meist gewährt der Wachhabende den Besuchern einen Blick in den Kreuzgang; die **Kirche San Domenico** selbst ist frei zugänglich. Ihre grüne Kupferkuppel bildet eines der Wahrzeichen Cosenzas. Die Fassade ziert eine spätgotische Rosette aus der Mitte des 15. Jhs. – ein Beispiel für die Verspätung, mit der die künstlerische Entwicklung Kalabrien erreichte. Der einst ebenfalls spätgotische Innenraum präsentiert sich heute im feinen Stuckkleid des Rokoko. Hinter dem Hauptaltar betritt man die nicht barockisierte Sakristei. Das schöne *Chorgestühl schufen 1635 Künstler aus Paterno und Rogliano, die für ihre hervorragenden Schnitzarbeiten berühmt sind. Prunkstück der Kirche ist die herrliche Barockkapelle, ****Oratorio del Rosario.** Der Blick schweift nach oben zur prachtvollen vergoldeten *Holzdecke des 17. Jhs.

Barocke Altstadt

Trotz des imposanten Doms prägte im Wesentlichen nicht das Mittelalter, sondern die Barockzeit die pittoreske Altstadt. Der katalanische Baustil der Hauptstadt Neapel findet sich an Portalen, Fenstern, den Eisengittern der Balkone und in majestätischen Treppenhäusern wieder.

Die Haupteinkaufsstraße in der Neustadt ist der **Corso Mazzini** mit eleganten Geschäften und Cafés, z. B. die **Bar Corso** mit Tischchen unter schattigen Linden.

San Francesco di Paola ❷

Hinter San Domenico treffen sich Crati und Busento unterhalb des Altstadthügels. Auf der gegenüberliegenden Seite des Crati zeichnet sich die Silhouette der Renaissancekirche San Francesco di Paola ab. Der 1510 – nur drei Jahre nach dem Tod des Heiligen – errichtete Bau beherbergt das Grab eines der elegantesten spanischen Kavaliere: Ottavio Cesare Gaeta steht in kurzem Rock und eng anliegender Halskrause auf seinem *Grabmal von 1593. Interesse verdienen die realistische Büste eines Familienmitglieds von 1614 sowie mehrere barocke Holzfiguren. Ein Künstler aus Rogliano

In der Altstadt von Cosenza

Seite 42

schnitzte das dunkle *Chorgestühl. Der sehenswerte *Kreuzgang stammt aus der Erbauungszeit.

Santissimo Salvatore ❸

Gleich nebenan kann man einer Messe nach griechischem Ritus beiwohnen, denn in Santissimo Salvatore trifft sich die immer noch große albanische Gemeinde Cosenzas. Im Jahre 1565 ließ die Bruderschaft der Schneider die kleine Kirche errichten. Von der gegenüberliegenden Brüstung am Crati genießt man einen ungestörten Blick auf die ***Altstadt.**

Die Läden am **Corso Plebiscito** gehören traditionell den Flechtwarenhändlern, die auch heute hier ihre Ware verkaufen. Es lohnt sich, hier ein bisschen zu bummeln, um nette Mitbringsel für Freunde oder Familie zu besorgen.

*Corso Telesio und *Dom ❹

Enge Seitengässchen mit auffallend hohen Häusern und teilweise prächtigen Barockfassaden kreuzen die Via Di Tarsia. Der **Corso Telesio,** der noch bis in die 60er Jahre des 20. Jhs. die schmucke Flaniermeile Cosenzas abgab, verkam in den 70er und 80er Jahren zur Allerweltsgasse. Erst in letzter Zeit ändert sich dies wieder. Neue, alternativ angehauchte Geschäfte eröffnen, die alten Handwerker finden wie-

❶ San Domenico
❷ San Francesco di Paola
❸ Santissimo Salvatore
❹ Dom
❺ San Franceso d'Assisi
❻ Teatro Rendano
❼ Palazzo della Prefettura
❽ Museo Civico

Seite 42

Am Corso Plebiscito locken Korbläden mit Souvenirs

Der Kreuzgang von San Francesco d'Assisi beherbergt ein kleines Museum

der Zulauf, und am Abend zählt der Corso wie früher zu den In-Adressen der Stadt.

Mitten in diesem populären Viertel erhebt sich der etwas gedrungen wirkende **Dom.** Nach einem Erdbeben musste er im 12. Jh. unter dem Zisterzienserbischof Campano erneuert werden. Bereits in der symmetrisch angelegten Fassade mit ihren drei gotischen Portalen und den drei Rosetten spiegelt sich die Strenge und Schlichtheit der für diesen Orden typischen Architektur wider. Den überraschend hohen, sehr nordisch wirkenden dreischiffigen *Innenraum gliedern Pfeiler mit niedrigen, fantasievoll gearbeiteten *Kapitellen.

Der plötzliche Tod Isabellas von Aragon, der Gemahlin des französischen Königs Philipp III., im Jahr 1271 in Cosenza bescherte der Stadt eines der schönsten gotischen Grabdenkmäler Kalabriens. Der französische Künstler bildete die betenden Eheleute kniend neben der Madonna ab. Schräg gegenüber soll in dem spätantiken Sarkophag mit einer Jagdszene Heinrich VII., der erstgeborene Sohn Friedrichs II., bestattet worden sein.

Hinter dem Dom bietet das älteste Café der Stadt, das stilvolle **Renzelli,** Gelegenheit zu einer Pause. Im Freien oder in den angenehmen Innenräumen nehmen die wohlhabenderen Einwohner Cosenzas ihren Aperitif zu sich. Am Abend vergnügt sich hier ein buntes Publikum.

*San Francesco d'Assisi ❺

Durch schmale Gässchen geht es treppauf zu dieser schönen Kirche. Bereits 1217, zu Lebzeiten des Franziskus, gründete einer seiner Schüler hier ein Kloster. Hinter der einfallslosen Fassade des 19. Jhs. verbirgt sich ein prächtiger ***Barockinnenraum.** Die einstige romanisch-gotische Kirche von 1217 bildet heute das Querschiff.

Seite 42

In seinem rechten Arm erkennt man hinter der reich verzierten Barockkapelle noch gut die Originalstruktur des 13. Jhs. Im rechten Seitenschiff öffnet sich mit der barocken **Cappella di Santa Caterina** ein wahres »Fest für die Augen«: vergoldete **Holzschnitzereien überziehen Decke, Chorgestühl, Kanzel, Empore und Orgel. Die *Gemälde mit Szenen aus dem Leben der hl. Katharina stammen von dem flämischen Maler Willem Borremans. Links hinter der Kirche liegt der Zugang zum Kreuzgang und zu den Ausstellungsräumen im ehemaligen Konvent.

Einzigartig ist die berühmte **Staurothek,** ein vergoldetes Reliquienkreuz mit farbigen Emailmedaillons und wertvollen Edelsteinen. Es wurde dem Erzbistum zur Domweihe 1222 von Friedrich II. geschenkt und ist eine Arbeit aus den kaiserlichen Werkstätten von Palermo. Zwar ist die neue Pinakothek im Palazzo Arnone inzwischen eröffnet (Wechselausstellungen, bisher keine geregelten Öffnungszeiten, Info: Tel. 0 98 47 55 22), doch es hängen hier noch immer einige Gemälde, u. a. Arbeiten von Luca Giordano. Die Wirklichkeitsnähe und Ausdruckskraft des bedeutendsten kalabresischen Malers, Mattia Preti, zeigt sich eindringlich am Körper des alten hl. Hieronymus (Öffnungszeiten: Mo–Sa 9–13 Uhr, läuten).

Piazza XV Marzo

Auf der imposanten Piazza XV Marzo steht das Bronzedenkmal für Bernardino Telesio, einen Mitbegründer der modernen Naturforschung. Die klassizistische zweigeschossige Fassade des 1909 eingeweihten **Teatro Rendano ❻** öffnet sich mit drei Rundbogen unten und drei Rundfenstern oben zum Platz. Im größten kalabresischen Theater einem Konzert oder einer Oper zu lauschen, ist durchaus ein Erlebnis. Auf der anderen Seite der Piazza erhebt sich die zweigeschossige breite Fassade des **Palazzo della Prefettura ❼**, eines weiteren klassizistischen Baus. Die Cosentiner Akademie mit Stadtbibliothek und dem **Museo Civico ❽** trägt mit ihrer unorthodoxen Schauseite zum markanten Gesicht des Platzes bei. Der gepflegte Stadtpark lädt zu einer Pause ein.

Kastell

Nach 20-jähriger Schließung wurde das gewaltige Kastell auf dem Hügel Pancrazio wieder eröffnet (die Restaurierung dauert derzeit noch an). Auf sarazenischen und normannischen Grundmauern baute Friedrich II. die heutige Burg, die die Anjou um ein Stockwerk und die Kapelle erweiterten. Im 15. Jh. war die Anlage eine prachtvolle Residenz, dann Militärstützpunkt und schließlich Seminargebäude. Immer wieder erschütterten Erdbeben das Gemäuer, sodass laufend erneuert und umgebaut wurde. Der Aufstieg lohnt sich auf jeden Fall. Von hier aus kann man das ****Panorama** mit der Stadtsilhouette vor den grünen Hängen des Sila-Gebirges genießen (Öffnungszeiten: Winter tgl. 8–20 Uhr, Sommer 8–24 Uhr).

Infos

APT, Corso Mazzini 92, 87100 Cosenza, Tel. 0 98 42 72 71, Fax 0 98 42 73 04; Informationsbüro Piazzetta Toscano (hinter dem Dom), Tel. 09 84 81 33 36, Fax 0 98 47 40 61.

Bahnverbindungen: u. a. Schmalspurbahn in die Sila nach San Giovanni in Fiore.

Seite 42

In der Sila leben noch Königseulen

Royal Executive, Via Marconi 59, 87036 Rende, Tel. 09 84 40 10 10, Fax 09 84 40 20 20. Luxushotel mit allem Komfort (feines Restaurant Nabucco) am Stadtrand, Nähe Autobahn. ❍❍❍

▮ **Grisaro,** Viale Trieste 38, Tel./Fax 0 98 42 78 38. Zentral in der Neustadt in Bahnhofsnähe gelegen, angenehmer Familienbetrieb. ❍–❍❍

L'Arco Vecchio, Piazza Archi di Ciaccio 21 (in der Altstadt, hinter dem Theater), Tel. 0 98 47 25 64. Hervorragende kalabresische Küche mit variantenreichen Antipasti in charakteristischem Lokal, So Ruhetag. ❍❍

▮ **Il Setaccio,** Contrada Santa Rosa 62, Rende, Tel. 09 84 83 72 11. Ausgezeichnete kalabresische Vorspeisen und gute Fleischgerichte, So Ruhetag. ❍❍

Punto Vendita – prodotti tipici calabresi, Via Alimena 78–82 (Neustadt). Kalabresische Spezialitäten zum Mitnehmen: Käse, in Öl Eingelegtes, Wein, Pilze, Soßen und Pasta in exzellenter Qualität und äußerst preisgünstig. *Sardella* (auch *Rosamarina* genannt), ist eine sehr pikante Streichpaste aus getrockneten Fischchen, roten *peperoncini* und

Lago di Cecita in der Sila Grande

Öl , die man in dieser Gegend selbst im Supermarkt bekommt.

Ausflüge

In die Sila (310 km)

Eigentlich gibt es die Sila gleich dreimal, als *Sila Greca* (nördlicher Teil zwischen San Demetrio Corone und Longobucco), *Sila Grande* (mittlerer Abschnitt um Camigliatello und San Giovanni in Fiore) und *Sila Piccola* (der Süden um Taverna). Der Name der Sila Greca, einer noch einsamen Weidelandschaft, stammt von der albanischen Bevölkerung, Anhängern des griechisch-orthodoxen Glaubens.

Von Cosenza aus folgt man dem Tal des Crati nach Norden und gelangt nach unzähligen Kurven über die Albanerstadt ***Santa Sofia d'Epiro** ins Zentrum dieser Bevölkerungsgruppe, nach **San Demetrio Corone.** Die recht mühselige Anfahrt wird mit einer der eindrucksvollsten frühnormannischen Kirchen Kalabriens belohnt: ***Sant'Adriano** ist mit byzantinischen Fresken und erlesenen *Fußbodenmosaiken ausgestattet (über die Kommune von

Seite 42

San Demetrio kann man den Kustoden kontaktieren, der die Kirche öffnet, Tel. 09 84 95 60 03).

Über Acri erreicht man den größten Sila-See, den **Lago di Cecita,** und **Camigliatello Silano** in der Sila Grande. Auf der bewaldeten Hochebene liegen in 1200–1300 m Höhe Bergseen und Weideflächen mit Almhütten. Das Feriengebiet, mit schneesicheren Skipisten in der Nähe von Camigliatello, Lorica und Villaggio Palumbo, lädt zum Wandern, Bergsteigen und Rad fahren ein.

Consorzio Camigliatello 2000, Via Roma 5, Casa del Forestiero, 87052 Camigliatello Silano, Tel. 09 84 57 82 43.

Historische Züge: Camigliatello–San Giovanni in Fiore.

Edelweiss, Viale Stazione 11, Camigliatello Silano, Tel. 09 84 57 80 44, Fax 09 84 57 87 53. Elegantes Hotel mit hervorragendem Restaurant, auch Verkauf von Sila-Produkten. OO

In der Hauptbummelmeile **Camigliatellos,** Via Roma, findet man feine gewebte Stoffe und traditionelle Holzarbeiten.

- Ebenfalls ein guter Einkaufsort ist Camigliatello für kalabresisches Kunsthandwerk (Brigantenfiguren, Stickereien und Holzobjekte).
- Die Weberei **Tessitura Mimmo Caruso** in San Giovanni in Fiore, Via Gramsci 195, stellt noch die traditionellen Decken *a pizzulune* (mit Reliefdekor) her.
- Die Käserei **Croce di Magara,** 5 km östlich, bietet eine große Auswahl an Käsesorten, u. a. den besten Mozzarella, Caciocavallo und Burrino Kalabriens an!

Santa Maria della Consolazione, gotischer Blickfang in Altomonte

Von Camigliatello führt eine schöne Fahrt nach ***San Giovanni in Fiore.** Hier gründete der Zisterziensermönch Joachim 1189 den Floriazenserorden, dessen Mutterkirche erhalten blieb. Der **Lago Ampollino** wartet etwas südlicher, und wer Kurven nicht scheut, genießt hier eine kaum berührte Natur.

Taverna ist die Heimat des Barockmalers Mattia Preti, dessen Bilder diverse Kirchen des lebhaften Touristenortes schmücken. Vom Ampollino-See geht es zum **Lago Arvo** und per Auto oder Seilbahn hinauf auf den höchsten Berg der Sila, den **Monte Botte Donato** (1928 m) mit großartigem Panorama.

Altomonte – die Toskana in Kalabrien (95 km)

Man erreicht Altomonte (4500 Einw.) in nur 45 Minuten von Cosenza aus auf der Autobahn A 3 nach Norden. Flankiert von Pfirsichbäumen und Olivenhainen, folgt sie dem Tal des Crati.

Reizvoller ist allerdings die kurvenreiche SS 19 über **Montalto Uffugo** mit einer sehenswerten *Holzmadonna in der Pfarrkirche und **San Marco Argentano** mit dem ersten normannischen *Wehrturm in Kalabrien. Die interessanteste Kirche aus der Anjouzeit in Kalabrien, ***Santa Maria della Consolazione,** ließ der Feudalherr der Stadt, Filippo Sangineto, im 14. Jh. errichten. Im einschiffigen Innenraum fällt die tiefe, helle Apsis auf. Ein Nachfolger des Toskaners Tino da Camaino schuf das großartige **Grabmal des Kirchengründers. Hinter der Kirche genießt man einen traumhaften Blick. Vom kleinen Kreuzgang aus betritt man das sehenswerte ***Museo Civico.** Der *hl. Ladislaus vom großen Sieneser Maler der Gotik, Simone Martini, ist zwar klein, aber fein. Gleiches gilt für die *Heiligenfiguren seines Florentiner Zeitgenossen Bernardo Daddi. (Öffnungszeiten: Di–Sa 8–20, Mo und feiertags 10–13, 16–19 Uhr).

Tipp Bevor man nun durch die engen Gässchen der Altstadt bummelt und vielleicht das traumhafte ***Panorama** vom Normannenturm (Öffnungszeiten: Juli/Aug.) aus genießt, kann man sich noch mit einer Joghurt-Granita im **Gran Caffè Città del Sole** vor der Kirche erfrischen.

Barbieri, Via San Nicola 30, 87042 Altomonte, Tel. 09 81 94 80 72, Fax 09 81 94 80 73. In einem alten Palast lässt sich exzellent wohnen und speisen. ○○

Alia, Via Jetticelle 69, 87012 Castrovillari, Tel. 0 98 14 63 70, Fax 0 98 14 65 22. Bestes Lokal Kalabriens, das Hotel besitzt Zimmer mit allem Komfort inklusive Hydromassagewanne. ○○○

Tour 1

Wo die Adria am schönsten ist

Rodi Garganico → *Vieste → Foggia → Lucera → Troia → Cerignola (310 km)

Kleine, von Felsen malerisch gerahmte Badebuchten, weiße Sandstrände, hübsche Fischerorte, ausgedehnte Laubwälder im Naturschutzgebiet Foresta Umbra, und über allem wacht der Erzengel Michael. Die Halbinsel Gargano bildet den Sporn Italiens. 65 km ragt sie in die Adria hinaus, das gleichnamige Gebirge erhebt sich mit dem Monte Calvo bis auf 1055 m Höhe. Süditaliens bestes Campinggebiet lädt ein zu Sonne, Badefreuden und erholsamen Wanderungen, aber auch zu abwechslungsreichem Kunstgenuss.

Eine ganz eigene Faszination strahlt der Tavoliere aus, die weite, dem Gebirge vorgelagerte Ebene mit ihren endlos scheinenden Getreidefeldern. Ein bis zwei Tage sollte man für diese Tour einplanen.

Rodi Garganico

Der nördlichste Teil Apuliens empfängt die Reisenden mit einem Paradies für Wasser- und Zugvögel, den beiden flachen, fischreichen Küstenseen Lago di Lesina und Lago di Varano. Hinter den Seen beginnt die typische Landschaft des Gargano. Bereits **Rodi Garganico,** der erste größere Ort an der Küste, gibt einen guten Eindruck von den Eigenheiten der Halbin-

1
Seite 48

1

Seite 48

Unberührt vom Massentourismus: die Halbinsel Gargano

sel. Vor dem Hintergrund immergrüner Kiefern liegt er malerisch auf einem Felsvorsprung über dem Meer. Zwischen zwei langen Sandstränden stehen die weißen Häuser im gleißenden Licht. Der Corso Umberto öffnet sich an der Piazzetta wie ein Wohnzimer.

Fährverbindungen: Tgl. Verbindung zu den Tremiti Inseln. Buchung bei Agenzia GTM, Piazza Garibaldi 11, Tel./Fax 08 84 96 53 43. Dort auch Auskünfte zu Rodi.

Baia Santa Barbara, Ortsteil Santa Barbara, Tel. 08 84 96 52 53, Fax 08 84 96 54 14. 500 m vom Zentrum, am Meer, mit Pool, Kinderklub, Disko. ❍❍–❍❍❍

Villa Americana, Via Grossi 1/A, Tel. 08 84 96 63 90, Fax 08 84 96 65 57. Zentral im Herzen des Städtchens gelegene Villa mit Garage und Privatstrand. ❍❍

Ein Blick zurück auf das fotogene Panorama Rodis, und schon riecht man die dunkelgrüne *Pineta Marzini des Ferienortes **San Menaio.**

Seite 48

Vico del Gargano

Kurz hinter San Menaio führt ein kurviges Sträßchen hinauf nach Vico del Gargano. In der mittelalterlichen Altstadt spürt man noch heute die jahrhundertelange Isolation und Armut. Nur wenige *api* (»Bienen«), wie die dreirädrigen Kleintransporter heißen, stehen in der Garage unter den Wohnräumen. Im Viertel Terra riecht es nach Stall: Wie eh und je ist hier der Esel das Haupttransportmittel der Bauern.

Peschici

Beim Wachturm Pucci öffnet sich ein traumhafter Ausblick auf die Küstenlinie bis Rodi Garganico. Bald darauf glänzen die weißen Häuser von Peschici (4300 Einw.) über dem tiefblauen Meer. Eine Besonderheit des Ortes sind die orientalisch anmutenden grauen Kuppeln, die noch viele der niedrigen Altstadthäuser bedecken.

Corso Garibaldi 57, 71010 Peschici, Tel./Fax 08 84 96 27 96.

D'Amato, Località Spiaggia, Tel. 08 84 96 34 15, Fax 08 84 96 33 91. Am Strand mit Kinderspielplatz, Garten, Pool; geöffnet Mitte April bis Mitte Okt. OO–OOO

Fra Stefano, Via Forno 8, Tel. 08 84 96 41 41. Nettes Lokal in der Altstadt, gute Antipasti und Fischspezialitäten; nur Ostern bis Mitte Okt. geöffnet. O–OO

*Vieste

Vorbei an Wachtürmen zum Schutz vor den Türken und silbrigen Olivenbäumen zwischen weißen Felsen und

Unübersehbar: das Wahrzeichen von Vieste, der Pizzomunno

blauem Meer kommt man nach Vieste (13 500 Einw.). Das Zentrum des Gargano wartet mit einer intakten, liebenswerten mittelalterlichen Altstadt auf. Treppauf, treppab, durch Torbogen und Gässchen bummelt man entlang den weiß getünchten Häusern, die sich unter dem mächtigen, von Friedrich II. erbauten Kastell ducken (im Besitz der Marine). Am barocken Campanile weithin erkennbar ist die dreischiffige **Kathedrale** (11. Jh.). Unterhalb der Kirche kann man in einer alten Ölmühle im **Museo Archeologico** in die Vergangenheit eintauchen (Via Celestino V 67; Öffnungszeiten: Ende Juni bis Anfang Sept. 17–23 Uhr).

Am Ende der weit ins Meer ragenden Halbinsel schließt die einschiffige, aus weißem Vieste-Tuff gebaute Renaissancekirche **San Francesco** das alte Zentrum markant ab. Von hier genießt man einen herrlichen Blick auf den Sandstrand im Süden der Stadt. Unterhalb der steilen Felswand erhebt sich das Wahrzeichen Viestes, der freistehende, weiß im Sonnenlicht glänzende Felsen *Pizzomunno.

1

Seite 48

Ein Genuss für Auge und Magen ist der **Markt** beim Viale XXIV Maggio (tgl. bis abends).

Tipp Kinder werden begeistert sein vom Muschelmuseum: **Museo Malacologico,** Piazza Vittorio Emanuele (Öffnungszeiten: Ende Juni bis Anfang Sept. tgl. 10–13, 16.30–20 Uhr, sonst kürzer, im Winter geschl.).

IAT, Corso L. Fazzini 8, 71019 Vieste, Tel./Fax 08 84 70 74 95; Infobüro: Piazza Kennedy 1, Tel. 08 84 70 88 06, Fax 08 84 70 71 30.
▮ Hotel- und Appartementvermittlung **Vesta Travel,** Via Cavour 12, Tel. 08 84 70 15 22, Fax 08 84 70 19 17.

Fährverbindung: Isole Tremiti, tgl., mit dem Tragflügelboot (1 Std.), Reservierung bei **Gargano Viaggi,** Piazza Roma 7, Tel. 08 84 70 85 01, Fax 08 84 70 73 93.

Pizzomunno Vieste Palace, Loc. Pizzomunno, Tel. 08 84 70 87 41, Fax 08 84 70 73 25. Wunderschön im Pinienhain liegt der weiße Komplex dieses Luxushotels mit allem Komfort, 100 m vom Strand. ❍❍❍
▮ **Seggio,** Via Veste 7, Tel. 08 84 70 81 23, Fax 08 84 70 87 27. Gepflegtes Hotel in der Altstadt im Sitz der Stadtverwaltung (17. Jh.) Eigener Strandzugang, Pool und traumhafte Aussicht von der Piazza vor dem Hotel. ❍❍

Enoteca Veste, Via Duomo 14. Kleines, gemütliches Lokal mit bester apulischer Hausmannskost mit einem Schuss Raffinesse und den Spitzenweinen Apuliens. ❍

Original apulische *fischietti,* Pfeifchen, findet man in der Via Mafrolla 24. Typisch apulische **Süßigkeiten** wie *cannoncini* oder *taralli* gibt es in der Via Duomo 4.

Monte Sant'Angelo

Aleppokiefern säumen die Küste. Immer wieder öffnet sich der Blick auf einladende Buchten. **Cala della Pergola, Baia delle Zagare, Baia delle Rose** ... unzählige dieser Plätzchen sind ein Dorado zum Relaxen. Die Aussicht auf die steil ins Meer stürzenden Felsen weicht nun dem Panorama der weiten Ebene um das weiß am Hang aufblitzende **Mattinata.**

Hinter dem lebendigen Städtchen führt die Straße mit herrlichem Ausblick auf die Küste und den Tavoliere die kahlen Berghänge nach **Monte Sant'Angelo** (15 000 Einw.) hinauf. Die für den Ort charakteristischen niedrigen weißen »Reihenhäuschen« der Altstadt begrüßen die Gäste bei der Fahrt zum 18 m hohen Normannenturm des mehrfach erweiterten **Kastells** (hier Parkplatz; Öffnungszeiten: April–Okt. 9–19.30 Uhr, Nov.–März 9 bis 13.30, 14.30–18 Uhr). Der achteckige schöne Campanile bewacht den Eingang zum ***Heiligtum des Erzengels Michael,** der im Jahr 493 in einer Grotte erschienen sein soll. 89 Stufen führen hinunter in die suggestive Atmosphäre dieses Pilgerortes. Eine 1076 in Konstantinopel gearbeitete Bronzetür erzählt in 24 Szenen vom Wirken Michaels (Museum der Basilica, geöffnet nach Voranmeldung).

Schräg gegenüber dem Grottenheiligtum liegt einer der großartigsten romanischen Komplexe ganz Apuliens. Er besteht aus drei Teilen: Der Kuppelbau über quadratischem Grundriss wird als ****Tomba di Rotari** (Grab des Langobardenkönigs Rothari) bezeichnet und war vermutlich ein Baptisteri-

1
Seite 48

um. Er besitzt meisterhafte romanische Reliefs. Von der benachbarten ebenfalls romanischen Kirche *San Pietro blieb nur die Apsis. Rechter Hand steht die Kirche ***Santa Maria Maggiore.** Die fantasiereichen Details des Portals und die in dunklen Farben gehaltenen Fresken (12./13. Jh.) im Inneren sollte man in Ruhe anschauen.

Ein auch für Kinder interessantes ***Volkskundemuseum** fand seine Heimat im früheren Franziskanerkloster (Museo di Arte e Tradizioni popolari del Gargano; Öffnungszeiten: Sommer Di–Sa 8.30–13.30, 14.30–20, So 10–12.30, 15.30–19 Uhr; Winter Mo–Fr 8–14, Di/Do auch 16–19 Uhr).

Monte Sant'Angelo mit seinen charakteristischen »Reihenhäuschen«

Ein Paradies in der Adria

Gute 20 km vom Festland entfernt liegt im Adriatischen Meer auf der Höhe von Torre Mileto die kleine **Tremiti-Inselgruppe,** die aus den drei größeren Eilanden San Nicola, San Domino und der Isola Capraia sowie einigen Felsen rundherum besteht.

San Nicola, Hauptort der gleichnamigen Insel, ist ganz von Mauern umgeben. Benediktiner errichteten hier im 11. Jh. die Abteikirche *Santa Maria a Mare. Zu den Glanzpunkten in dem ungewöhnlichen Gotteshaus gehören die prächtigen Fußbodenmosaiken, ein byzantinisch inspiriertes *Holzkreuz mit dem lebendig wirkenden Christus sowie ein sehr nordisch anmutendes *Altarpolyptychon aus dem 15. Jh. Um einen besseren Eindruck von den Befestigungsanlagen zu gewinnen, geht man hinaus auf die kahle Hochebene. Der Wind erfrischt, die Möwen schreien, am Ufer gegenüber taucht die Silhouette des Gargano auf, und die weißen Felsen von San Domino leuchten vor den grünen Pinien. Bevor man sich auf der Insel dem Badevergnügen am Sandstrand oder auf den Felsen hingibt, sei ein Bootsausflug in die Grotten von San Domino empfohlen. Die spektakulären Felsformationen und das prächtige Farbenspiel im Wasser sind nur vom Meer aus zu bewundern.

Fährverbindungen: im Sommer tgl. ab Manfredonia, Vieste, Peschici, Rodi, Termoli.

Auskunft: Kommune auf San Domino, Tel. 08 82 46 30 63, Fax 08 82 46 30 03; versendet auch per Fax Listen der Hotels und Zimmeranbieter (auch auf San Nicola). San Domino ist touristisch gut erschlossen, mit über zehn Hotels und Ferienanlagen.

1

Seite 48

Medioevo, Via Castello 21, Tel. 08 84 56 53 56. Hier wird typische Küche des Gargano serviert (Winter Mo Ruhetag). ○○–○○○

Tipp Die Kooperative **Eco Gargano** organisiert Trekking-, Mountainbiketouren und (auch auf Deutsch) geführte Exkursionen in den Gargano. Largo R. Guiscardo 2, Casella postale 201, 71037 Monte Sant'Angelo, Tel./Fax 08 84 56 54 44; Informationen erhält man auch im Kastell.

Von Monte Sant'Angelo aus empfiehlt sich ein erholsamer Ausflug hinauf in die dichte ***Foresta Umbra.** Der einzige größere Wald Apuliens steht seit 1991 unter Naturschutz. Neben majestätischen Buchen und einer tiefen Stille finden Wanderer hier einen kleinen idyllischen See und Gehege mit Hirschen und Mufflons. Am Informationspunkt des **Nationalparks Gargano** am See kann man Karten kaufen und Fahrräder ausleihen.

Manfredonia

Auf den ersten Blick wirkt Manfredonia (58 000 Einw.) mit seiner hässlichen Raffinerie nicht gerade einladend. Doch ist man erst einmal bis in die gut gepflegte, rechtwinklig angelegte Altstadt vorgedrungen, entdeckt man eine liebenswürdige süditalienische Stadt voller Geschäftigkeit.

Manfred, der Sohn Friedrichs II., gründete 1256 den nach ihm benannten Ort und ließ das Kastell errichten. Es beherbergt heute das ****Museo Nazionale Archeologico del Gargano** (Öffnungszeiten: tgl. außer dem ersten und letzten Mo im Monat 8.30 bis 13.30, 15.30–19.30 Uhr), eine einzigartige Sammlung daunischer Grabstelen. Die wunderlichen Meisterwerke sind 40–130 cm hoch und entstanden zwischen dem 7. und 6. Jh. v. Chr. Ritzzeichnungen auf Kalksteintafeln lassen bewaffnete Männer und Frauen mit Brüsten und Zöpfen in reich verzierten Gewändern erkennen.

i **IAT,** Piazza del Popolo 11, 71040 Manfredonia, Tel./Fax 08 84 58 19 98.

Foggia

Friedrich II., der im Tavoliere seine großen landwirtschaftlichen Musterbetriebe aufbauen ließ, schätzte diese Landschaft angeblich besonders. Der Kaiser besaß in Foggia (156 000 Einw.) eine berühmte Residenz. Doch blieb von dem prächtigen Bau nichts außer einer *Archivolte (Rundbogen) an der hinteren Seite des Palazzo Arpi übrig. Er beherbergt heute das überaus reich bestückte, sehr empfehlenswerte ***Museo Civico.** Die Sammlung reicht von steinzeitlicher Keramik über Münzen Friedrichs II. bis zu ausgestopften Vögeln. Wer die Sonnen und grotesken Masken aus den Souvenirläden kennt, sieht hier ihre Vorbilder aus dem 5. Jh. v. Chr. (Wiedereröffnung vo-

Tavoliere

Unendlich weit scheint sich der Tavoliere, die größte Ebene im Süden Italiens, zu öffnen. Der Name leitet sich nicht von *tavola* (im Sinne von Tisch) ab, sondern von den *tabulae censuariae,* den römischen Listen, die den Staatsbesitz verzeichneten. Die Monotonie der Getreidefelder übt eine ganz eigene Faszination aus.

Seite 48

raussichtlich Ende 2001, Auskunft unter Tel. 08 81 72 62 45). Ansonsten ist die Hauptstadt der gleichnamigen Provinz – sie wird auch Capitanata genannt – sehr modern geprägt. Hierzu trug neben der Industrieansiedlung auch ein Erdbeben im Jahr 1731 bei, das die Stadt fast vollständig zerstörte.

APT, Via Perrone 17, 71100 Foggia, Tel. 08 81 72 36 50, Fax 08 81 72 55 36.

Ciacaito, Via Arpi 62, Tel. 08 81 70 81 04. Interessante Gemüse-Meeresfrüchte-Küche, So Ruhetag. OO–OOO

Lucera

Schnurgerade führt die Straße durch die Ebene hinauf in das Landwirtschaftszentrum Lucera (36 000 Einw.). Einen überwältigenden Blick auf den Tavoliere und weit hinein in den daunischen Apennin genießt man vor der gewaltigen Mauer des ***Kastells** von Karl I. von Anjou am Rand der Altstadt. Friedrich II. hatte in Lucera Sarazenen aus Sizilien angesiedelt, die auch seine Leibwache stellten, und den inneren *Palast errichten lassen.

Mitten in der Altstadt erhebt sich der von Karl II. 1300 begonnene gotische ***Dom** mit einer sehr schlichten, durch nur einen fertig gestellten Turm asymmetrischen Fassade. Dafür ist der dreischiffige Innenraum überaus reich ausgestattet. Hinter dem Dom folgt man der Via De Nicastri zum ***Museo Civico Giuseppe Fiorelli,** in dem u. a. Funde aus der daunischen und römischen Zeit Luceras warten (Öffnungszeiten: Mai–Aug. Di–Sa 9 bis 13, 16–19, So 9–13 Uhr, Sept.–April Di bis Fr 9–13, 15–18, Sa/So 9–13 Uhr).

Kastell von Lucera

Alhambra, Via De Nicastri 10, Tel. 08 81 54 70 66. Gesalzene Preise, aber hervorragende Fischgerichte, So abends und Sept. geschl. OOO

Troia und Cerignola

Weite Ausblicke auf den Tavoliere öffnen sich auf der Fahrt von Lucera hinauf nach **Troia** (7900 Einw.). Hier erhebt sich der ***Dom** mit einer reich skulptierten romanischen ****Fassade,** der schönsten ganz Apuliens. Ein besonderes Augenmerk verdient die filigrane Rose aus dem frühen 13. Jh. Noch älter sind einige weitere Kostbarkeiten, so das prächtige Bronzeportal mit drachenförmigen Türklopfern und die Kanzel aus dem 12. Jh.

Immer wieder Getreidefelder, weite Ausblicke auf den Tavoliere, und doch wird diese Landschaft nie langweilig. Bei Ordona liegen die Ruinen des daunischen und römischen ***Herdoniae** mit Resten von gepflasterten Straßen und Tempeln. Dann ragt die riesige Kuppel des Doms von **Cerignola** über der Ebene auf. Kurz darauf ist Canosa di Puglia (s. S. 54) erreicht.

2

Seite 57

Tour 2

Romanik zwischen Murge und Meer

Canosa di Puglia → *Barletta → **Castel del Monte → *Trani → Bitonto (125 km)

Keine andere Gegend Italiens fasziniert durch eine derartige Dichte romanischer Kirchen und wehrhafter Kastelle wie die Terra di Bari, das Land zwischen Murge und Meer. Großartige Ausblicke reichen von den in mehreren Stufen ansteigenden karstigen Hügeln bis zur Küste mit ihren lebhaften, oft sehr stimmungsvollen Hafenstädten. Der Stauferkaiser Friedrich II. setzte der von silbrig glänzenden Olivenbäumen charakterisierten Landschaft mit Castel del Monte ihre »steinerne Krone« auf. Ein bis zwei Tage sollte man sich für diese Tour schon Zeit lassen.

Canosa di Puglia

Auf den griechischen Helden Diomedes geht der Sage nach die Gründung der Stadt (31 200 Einw.) zurück. Dem günstig über dem Ofanto-Tal und an der Via Traiana gelegenen Canusium kam in römischer Zeit eine führende Stellung in der Region zu. Bereits 343 ist es als ältester Bischofssitz Apuliens erwähnt. Die Überreste der ***Basilica San Leucio** (6. Jh.) bezeugen noch die Großartigkeit der riesigen ehemaligen Kathedrale.

Dem bedeutendsten Amtsinhaber ist die Bischofskirche ***San Sabino** aus der Normannenzeit geweiht. Sie verbirgt sich hinter einer Allerweltsfassade des 19. Jhs. Hat man die ersten drei, später hinzugefügten Joche durchschritten, bietet sich ein überwältigender, lichter Raumeindruck des ursprünglichen Baus aus dem 11. Jh. Fünf große Kuppeln scheinen förmlich über den quadratischen Jochen zu schweben. Dieser Effekt wird durch das direkte Ansetzen der Gewölbe auf den vor der Wand stehenden antiken Säulen erreicht – ein Unikum in Apulien. Fast schon klassisch schön wirkt in dieser Umgebung die *Kanzel des Acceptus (s. S. 20), eine der bedeutendsten Skulpturen des 11. Jhs. in ganz Italien. Von gleicher Qualität und Schönheit präsentiert sich der auf Elefanten ruhende *Bischofsthron in der Apsis. Durch die rechte Seitentür gelangt man hinaus zum *Grabmonument Bohemunds von Tarent (1111 gest.) mit einer achteckigen orientalischen Kuppel und feiner *Bronzetür.

Schlacht von Cannae

Das Grabungsgelände **Canne della Battaglia** verdankt seinen Namen der Schlacht *(battaglia)* von Cannae 216 v. Chr., bei der Hannibal trotz zahlenmäßiger Unterlegenheit der Karthager den Römern eine ihrer schwersten Niederlagen beibrachte. Die strategisch günstige Position auf einer der letzten Erhebungen der Murge über der Ebene des Ofanto veranlasste bereits Menschen der Steinzeit hier zu siedeln. Vom Hügel genießt man hinter dem Antiquarium mit den Resten der Zitadelle eine herrliche Aussicht (Öffnungszeiten: tgl. 9–13, 14 Uhr bis eine Stunde vor Sonnenuntergang).

Der Bischofsthron, ein Meisterwerk der apulischen Romanik im Dom von Canosa

Blick vom Kastell auf den Dom von Barletta

2 Seite 57

Das **Museo Civico** zeigt die herrlichen Canosinischen Vasen (Öffnungszeiten: März–Sept. Di–Sa 9–13, 16/17 bis 18/19, So und feiertags 8–14 Uhr, Okt.–Feb. Di–So 8–14 Uhr).

Pro Loco, Via Kennedy 49, 70053 Canosa di Puglia, Tel./Fax 08 83 61 16 19.

Hotel del Centro, Corso San Sabino 92, Tel. 08 83 61 24 24, Fax 08 83 61 19 86. Angenehmes Ambiente aus der Zeit um 1900, mit Restaurant und Garage. ❍❍

La Siesta, Via Kennedy 13. Unbedingt die hervorragenden Antipasti probieren! ❍

*Barletta

Die lebhafte Industrie- und Handelsstadt (89 500 Einw.) zählt heute zu den dynamischsten Orten Apuliens. Am Meer liegt das weiße, abweisend wirkende **Kastell.** Seit der Normannenzeit wurde hier jahrhundertelang an- und umgebaut. Heute ist in der Festung eine der berühmtesten Skulpturen Apuliens zu sehen: Die **Büste Kaiser Friedrichs II. zeigt den Kaiser wie seine Goldmünzen als römischen Imperator. Der erste Stock wartet mit Gemälden Giuseppe De Nittis' aus Barletta (1846–1884) auf, des wohl bedeutendsten Impressionisten Italiens. Seine wichtigsten Anstöße erhielt er von seinem Pariser Freundeskreis um Manet und Degas. Das düstere Frühwerk, die schon auf die Technikfaszination der Futuristen weisenden Bilder und seine Pariser Serie stehen Werken seiner bekannteren Zeitgenossen in nichts nach (Öffnungszeiten: Mai–Sept. Di–So 9–13, 16–20 Uhr, Okt.–April Di–So 9–13, 15–19 Uhr).

Ein Rundgang auf den Bastionen lohnt sich schon alleine wegen des einmaligen Blicks auf die nach langer Restaurierung neu erstrahlende ***Kathedrale Santa Maria Maggiore.** Sie wurde um 1140 ganz in der Manier von San Nicola in Bari begonnen. Aus der romanischen Bauphase stammen die ersten vier Joche. Die Erweiterung nach Osten bis zum Chor im Stil der französischen Gotik erfolgte etwa zeitgleich mit der Übersiedlung des Bischofs von Nazareth nach Barletta im Jahr 1310. Den Dom umgibt die belebte Altstadt. Barlettas Wahrzeichen ist der über 5 m hohe bronzene ***Koloss** am Corso Garibaldi. Die Monumentalstatue ist eine der besten Großbronzen der Spätantike, wie man an den realistischen Gesichtszügen des Kaisers, wahrscheinlich Valentinian I., sehen kann.

2

Seite 57

IAT, Corso Garibaldi 208, 70051 Barletta, Tel. 08 83 33 13 31, Fax 08 83 33 73 04.

Artu, Piazza Castello 67, Tel. 08 83 33 21 21, Fax 08 83 33 22 14. Modernes Hotel, gepflegt; am Kastell, Garage. ○○○

Royal, Via De Nittis 13, Tel. 08 83 53 11 39, Fax 08 83 33 14 66. In der Nähe des Bahnhofs, komfortabel, mit Parkplatz. ○○–○○○

Brigantino, Via Litoranea di Levante, Tel. 08 83 53 33 45. Sehr gute apulische Fischgerichte. ○○○

Antica Cucina, Via Milano 73, Tel. 08 83 52 17 18. Hervorragende Meeresküche, Mo und feiertags abends geschl. ○○○

**Castel del Monte

Fast schnurgerade führt die Straße über **Andria** durch Olivenhaine hinauf zum berühmtesten Stauferbau Italiens.

Achteckig sind der Grundriss des Castello, die acht Türme und der Innenhof, und jeweils acht trapezförmige Räume liegen auf einem Stockwerk.

Castel del Monte, Eingangsportal

Ob Friedrich II. die Pfalzkapelle in Aachen oder den Felsendom in Jerusalem vor Augen hatte – das Kastell wirkt wie ein in sich geschlossener vollkommener Kristall. Auf Fernwirkung angelegt, scheint es die stete Präsenz des Kaisers in seinem Land zu symbolisieren. Das *Eingangsportal repräsentiert bereits den geistigen Horizont Friedrichs: Pilaster, Architrav und Giebel entstammen der Antike, die Kapitelle der zeitgenössischen Zisterziensergotik, die rechteckige Einfassung oben und die prunkvolle Ausführung dem Islam. In den Innenräumen bewundert man neben der gelungenen Bauskulptur auch Kamine, Wasserleitungen und Toiletten, mehr blieb von der Ausstattung nicht erhalten.

Der Kaiser hielt sich mehrmals zu kurzen Jagdausflügen hier auf, Karl I. von Anjou verwandelte das heitere Schloss in ein trauriges Gefängnis für die Kinder seines staufischen Gegners Manfred (Öffnungszeiten: März bis Sept. tgl. 10–13.30, 14.30–19 Uhr, im Winter meist nur vormittags; Auskunft unter Tel. 08 83 56 99 97).

L'Ottagono, 70031 Andria, an der SS 170, km 20,1, Tel. 08 83 55 78 88, Fax 08 83 55 60 98. Elegant, komfortabel mit großem Garten; kleiner See. ○○○

Antichi sapori, Piazza San Isidoro 9, Andria, Tel. 08 83 56 95 29; im Ortsteil Montegrosso genießt man das Beste, was Apuliens bäuerliche Küche zu bieten hat. ○–○○

▮ **Bella Napoli,** Corso Cavour 25, Andria. Eine landestypische Trattoria, die sehr guten Frischkäse auftischt. ○

Ruvo di Puglia

Durch Olivenhaine, in denen sich kleine Trulli verstecken, führt die Fahrt nach Ruvo di Puglia (25 000 Einw.). Das ***Museo Jatta** im gleichnamigen Palazzo ist ein echtes Schatzkästchen. Die größte **Sammlung attisch-rotfiguriger Vasen in Apulien bezeugt die engen Kontakte des peuketischen Ruvo (s. S. 19) zu Griechenland im 5. und 4. Jh. v. Chr. (Öffnungszeiten: So–Do 9.30–13.30, Fr/Sa 14.30 bis 19.30 Uhr).

Die ***Kathedrale** von Ruvo zeigt die apulische Romanik auf ihrem Höhepunkt. Um 1200 begonnen, weist der in die Höhe strebende Bau bereits in Richtung Gotik. Die Fassade wird durch drei Portale mit fein skulptierten Bogenläufen und einer prächtigen Rosette harmonisch gegliedert.

Zu hausgemachten Süßigkeiten und Eis lädt das **Caffè Berardi** (Corso Iatta 37) ein.

*Trani

Über Corato geht es wieder eine Stufe der Murge hinunter bis nach Trani (50 500 Einw.). Tiefblau das Meer und der Himmel, leuchtend weißer warmer Stein: Die Königin der Kathedralen, ****San Nicola Pellegrino,** könnte an keinem erhabeneren Ort stehen. Doch als die alte Rivalin Bari im Jahr 1087 die Reliquien des hl. Nikolaus geraubt hatte, stand Trani plötzlich ohne Heiligen da! Zum Glück starb ein etwas wirrer griechischer Pilger (ital. *pellegrino*), der immerhin einige Wunder vollbracht hatte und auch noch Nikolaus hieß, nur sieben Jahre später auf den Stufen der alten Kathedrale. Kurzerhand wurde er heilig gesprochen und der Grundstein für den Neubau gelegt – das Pilgergeschäft sollte auch in Trani florieren. Der schlanke hohe Campanile ist durch einen offenen Bogengang mit der Kirchenfassade ver-

2
Seite 57

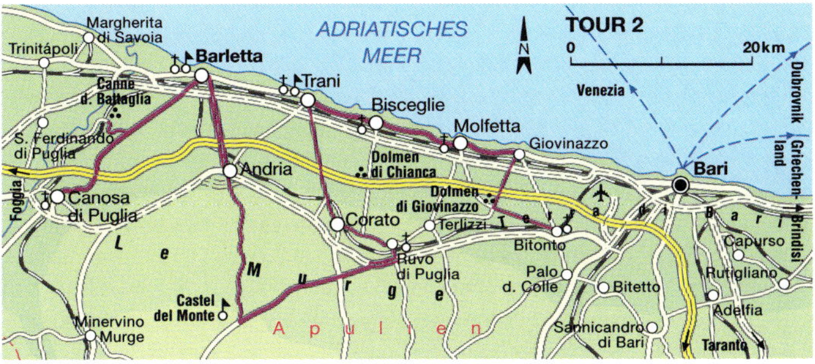

2
Seite 57

Trani: Königin der Kathedralen

bunden. Eine erstmals in Relieftechnik von Barisanus von Trani 1179 gearbeitete *Bronzetür verschließt das Mittelportal. An der rechten Seitenfassade mit typisch apulischen Nischenreihen ist der Eingang zur dreischiffigen Unterkirche. Mit den 28 dicht gestellten Säulen erinnert die *Hallenkrypta an eine Moschee. Die lichterfüllte Oberkirche, die Doppelsäulen in drei Schiffe unterteilen, besticht durch ihre romanische Schlichtheit.

Friedrich II. errichtete das viereckige **Kastell.** Die drei mächtigen Türme und die Meerseite konnten ihr strenges staufisches Aussehen bewahren (Öffnungszeiten: tgl. 9–19.30 Uhr). Ein Spaziergang führt zum ***Hafen** und zum gepflegten Stadtpark. Von hier steigt man zur kleinen Befestigungsanlage Fortino di Sant'Antonio hinauf.

Kleine, einladende Lokale liegen in der Via Zanardelli, die in der Mitte des Hafenrunds von Trani beginnt. Im **Caffè Turenum** bekommt man den hervorragenden *Moscato di Trani,* einen leicht herben, aromatischen Dessertwein auch flaschenweise zu kaufen. Ein angenehmer Ort, um nach einer langen Besichtigungstour bei einem Imbiss zu pausieren und die vielen neuen Eindrücke zu verarbeiten.

APT, Piazza Trieste 10, 70059 Trani, Tel./Fax 08 83 58 88 30.

Regia, Piazza Monsignore Addazzi 2, Tel. 08 83 58 44 44, Fax 08 83 50 65 95. Gepflegtes Hotel direkt bei der Kathedrale, mit nettem Speisesaal. ○○○

Molfetta

Auch Molfetta (67 000 Einw.) besitzt einen schönen Hafen. Sein Bild prägt die alte ****Kathedrale San Corrado.** Der nach 1150 begonnene Bau ist die größte romanische Kuppelkirche Apuliens. Man betritt sie über den Innenhof des Bischofspalasts. Der Raumeindruck ist überwältigend, mächtige Pfeiler mit Halbsäulen unterteilen das Rechteck in drei Schiffe. Über den Mittelschiffjochen wölben sich Kuppeln, die Seitenschiffe tragen Tonnengewölbe. Hinter San Corrado beginnt die pittoreske, teilweise unbewohnte Altstadt, die langsam verfällt. An bessere Zeiten erinnert das düstere Hospital (11. Jh.) für Pilger und Kreuzfahrer neben dem klassizistischen Santuario della Madonna dei Martiri (1 km nördlich am Meer).

Garden, Via Provinciale per Terlizzi, Tel. 08 03 34 17 22, Fax 08 03 34 92 91. In einem schönen Garten gelegen, angenehme Unterkunft. ○○

Bufi, Via Vittorio Emanuele 15–17,

Hier bestimmt noch Gelassenheit den Alltagsablauf

2
Seite 57

Tel. 08 03 97 15 97. Hervorragende Antipasti, ausgesuchte Weine, So abends und Mo geschl. ○○

Bitonto

Über den hübschen Ort **Giovinazzo** und die Dolmen von Giovinazzo, frühgeschichtliche Grabbauten aus monumentalen Platten, erreicht man das prosperierende Agrarstädtchen Bitonto (54 000 Einw.) auf der niedrigsten Stufe der Murge. Ausgedehnte Olivenplantagen dienen der Produktion des *Cima di Bitonto*, das zu den besten Ölen Italiens zählt. Reiche Einkünfte aus der Landwirtschaft bescherten der Stadt auch nach ihrer Blütezeit unter Normannen und Staufern einen rasanten Aufstieg in der frühen Neuzeit. Er spiegelt sich in zahllosen prächtigen Renaissancepalästen wie beispielsweise dem ***Palazzo Sylos-Labini** bis heute wider.

Man betritt die hübsche Altstadt an der Porta Baresana. Die Piazza Cavour schließt die anmutige Renaissanceloggia des Palazzo Sylos-Calò ab. Rechter Hand erreicht man die **Chiesa del Purgatorio.** Im Fegefeuer *(purgatorio)* schmachten auch die Sünder über dem Portal. Die nahe ***Kathedrale San Valentino** ist ein formvollendeter Bau der apulischen Romanik, der dem Vorbild von San Nicola in Bari folgt. Die Gliederung der hohen Fassade lässt bereits den dreischiffigen Innenraum vermuten. Den Mittelteil zieren eine prächtige Rosette, zwei Biforien und das wohl schönste *Portal Apuliens, von antiken Säulen auf Löwenfiguren gerahmt. Seit Dezember 1999 ist der Dom wieder zugänglich. Deutschsprachige Führungen auch durch die *Krypta sowie zu weiteren Sehenswürdigkeiten organisiert die Cooperative La Maja.

i **La Maja,** Via dei Mercanti 52, 70032 Bitonto, Tel. 08 03 74 96 61. Informationen erteilt auch die **Polizia Municipale** (bei der Porta Baresana).

Nuovo, Via E. Ferrara 21, 70032 Bitonto, Tel. 08 03 75 11 78, Fax 08 03 71 85 46. in diesem familiären Haus fühlen sich auch die Kleinen wohl. ○○

Tour 3

Ins Tal der weißen Trulli

3

Seite 64

Castellana Grotte → *Alberobello → *Martina Franca → Brindisi → *Egnazia → Monopoli → Bari (275 km)

Spektakulärer Auftakt zu dieser Route, für die man ein bis zwei Tage einplanen sollte, ist die größte Tropfsteinhöhle Italiens bei Castellana Grotte. Kleine, runde und mörtellose Steinhäuser, die Trulli, setzen die unübersehbaren Akzente in der Valle d'Itria, einer weiten Senke, die sich zwischen Locorotondo und der Barockstadt Martina Franca erstreckt. Angeblich mussten die Bauern auf dieses uralte Bauprinzip zurückgreifen, um ihrem Feudalherrn die Zahlung von Steuern zu ersparen.

Mit der weltoffenen Hafen- und Provinzhauptstadt Brindisi, die zu Unrecht oft nur als Transitort fungiert, erreicht man die Küste. Entlang den Fels- und Sandstränden geht es über das antike Egnazia mit interessanten Ausgrabungen und über das freundliche Hafenstädtchen Monopoli zurück nach Bari.

Castellana Grotte

Die größte ****Karsthöhle** Italiens wurde 1938 südöstlich von Bari, außerhalb des Ortes Castellana Grotte, entdeckt. Die wirklich beeindruckende Besichtigung beginnt in der *Grave, wie die gigantische Eingangshalle genannt wird. Durch hohe Säle und enge Gänge gelangt man schließlich zur einmaligen **Grotta bianca. Ihr kristallines Weiß ist von atemberaubender Schönheit.

Die effektvoll ausgeleuchteten Stalagmiten und Stalaktiten wachsen auch heute noch in 50 Jahren um 1 cm! Die Temperatur beträgt konstant 16 °C. (Kurzer Weg: Dauer ca. 1 Std., 1 km: Führungen 8.30–13, 14.30 bis 19 Uhr jede Stunde. Langer Rundweg: Dauer ca. 2 Std., 3 km, Führungen 9–12, 15–18 Uhr jede Stunde; Führungen auf Deutsch: Kurzer Weg 9.30, 14.30 Uhr; Langer Weg 11, 16 Uhr; Tel. 08 04 99 82 11, Fax 08 04 99 82 19).

*Alberobello

Durch eine sorgfältig gepflegte alte Kulturlandschaft, die bereits im Februar mit ihren blühenden Mandelbäumen bezaubert, fährt man weiter nach Alberobello (10 500 Einw.). Die »Hauptstadt der Trulli« ist der bekannteste Ort des Itria-Tals. Wie aus dem Märchenbuch wirkt besonders der Stadtteil Monti, wo ganze Straßenzüge aus den kleinen ****Trulli** (s. S. 61) bestehen. Ein schöner Spaziergang führt die blendend weißen Gässchen hinauf zur Kirche **Sant'Antonio** – auch sie selbstverständlich in Form eines Trullo. Ein 21 m hohes, so genanntes unechtes Gewölbe aus aufgeschichteten, zusammengeschobenen Steinplatten überragt den mörtellosen Bau. Etwas weniger touristisch gibt sich das kaum weniger reizvolle Viertel ***Aia Piccola** auf der gegenüberliegenden Seite des Largo Martellotta. Man sollte sich den Besuch Alberobellos nicht durch den übermäßigen Rummel verleiden lassen, denn der Ort ist nun mal einzigartig.

i **IAT,** Piazza Ferdinando IV, Casa D'Amore, 70011 Alberobello,

Tel. 08 04 32 51 71, Fax 09 98 86 61 16. Hier können auch Trulli gemietet werden. Das Büro organisiert Führungen auf Deutsch.

Dei Trulli, Via Cadore 32, Tel. 08 04 32 35 55, Fax 08 04 32 35 60. Ein Luxushotel mit Appartements – natürlich in Trulliform. ○○○

Lanzillotta, Piazza Ferdinando IV 30, Tel. 08 04 32 15 11, Fax 08 04 32 11 79. Zentral, mit familiärer Trattoria Cucina dei Trulli. ○○

Hostaria del Sole, Piazza Curri 3, Tel. 08 04 32 39 04. Mitten im Zentrum speist man in angenehmer Atmosphäre eine hübsche Auswahl an typisch apulischen Gerichten, Di Ruhetag. ○

Ein bewohnter Märchenpark . . .

Caseificio Notarnicola, Via Cielo. Hervorragende lokale Käsespezialitäten.

3
Seite 64

Trulli – rätselhafte Rundhäuser aus Stein

Der Eiche Apuliens, dem Quercio di Puglia, wie Gian Girolamo II. Acquaviva genannt wurde, verdanken wir nach der Legende die pittoresken Trulli von Alberobello. 1635 errichtete der Feudalherr eine Villa, eine Mühle, einen Backofen und ein Gasthaus in einem bis zu diesem Zeitpunkt bedeutungslosen Weiler. Er lag inmitten des »Waldes des schönen Baums«, der Silva Arboris Belli, dem Alberobello seinen Namen verdankt. Seinen Bauern befahl der Adelige, mörtellose Steinhütten in Trockenbauweise zu errichten. Denn für gemauerte Siedlungen hätte der Feudalherr Steuern an den Vizekönig in Neapel zahlen müssen.

Die Bauern bedienten sich des seit der Antike im ganzen Mittelmeerraum verbreiteten Typs einfacher Rundbauten aus aufgeschichteten Steinplatten, die oben zu einem so genannten unechten Gewölbe zusammengeschoben wurden. Die Trulli haben einen quadratischen Grundriss. Bei größerem Platzbedarf wurden mehrere Häuschen verbunden – wodurch auch die charakteristischen Straßenzüge Alberobellos entstanden.

Auf den dunkelgrauen Steindächern der Trulli finden sich oft in Weiß aufgemalte, weithin sichtbare heidnische und christliche Symbole. Die magischen Zeichen sollen Trullo und Bewohner schützen und dienen als Hausnummern. Zusätzlich bekrönen kugel- oder sternförmige Figuren, über deren Funktion viel gerätselt wurde, die Häuschen. Das erste, nicht in Trullo-Bauweise errichtete Gebäude von Alberobello entstand übrigens erst 1797– die Casa D'Amore.

*Locorotondo

Hier und dort ein Trullo, Oliven- und Mandelbäume und immer mehr Weinreben bestimmen die Landschaft bei der Fahrt nach Locorotondo. Der strahlend weiße und – wie sein Name schon verrät – kreisförmige Ort auf einem Hügel lohnt als Gesamtkunstwerk einen Besuch. Vom Stadtpark aus genießt man einen herrlichen ***Ausblick** auf die Valle d'Itria bis Martina Franca.

3
Seite 64

Al Casale, Via Gorizia 41, Tel. 08 04 31 67 56, Fax 08 04 31 13 77. Kleines angenehmes Hotel. ❍

Trattoria Centro Storico, Via Eroi di Dogali 6, Tel. 08 04 31 54 73. Antipasti und den für Locorotondo charakteristischen Weißwein sollte man in diesem netten Lokal in der Altstadt versuchen, Mi Ruhetag. ❍❍

*Martina Franca

Nur wenige Kilometer geht es durch die grüne Landschaft der Valle d'Itria, und schon erblickt man ein kleines Juwel: Martina Franca (45 000 Einw.) auf der höchsten Stufe der südlichen Murge. Sein heutiges Aussehen verdankt der Ort den Barock- und Rokokobauten des 18. Jhs. Die ungewöhnliche Kombination von weiß getünchten Wänden und den geschwungenen Linien dunkler Fenster, von Balkonen und Portalen verfehlt ihre Wirkung nicht. Einen Spaziergang beginnt man an der Piazza XX Settembre mit dem gepflegten Stadtpark. Hinter dem barocken Bogen Sant'Antonio sieht man die breite, harmonische Fassade des **Palazzo Ducale,** Amtssitz der Familie

Barocke Lebensfreude auf Schritt und Tritt in Martina Franca

Caracciolo, die Martina 1507–1827 beherrschte. Üppige Barockfassaden säumen die Flaniermeile Corso Vittorio Emanuele, der man bis zur Kirche **San Martino** folgt. Die prächtige *Front der Kirche und der wunderschöne Hauptaltar im Inneren stammen ebenso aus dem 18. Jh. wie der Palazzo della Corte gleich links und die Torre Civica.

IAT, Piazza Roma 35, 74015 Martina Franca, Tel./Fax 08 04 80 57 02.

Dell'Erba, Viale dei Cedri 1, Tel. 08 04 30 10 55, Fax 08 04 30 16 39. Schöne Zimmer, in einem Park gelegen, mit eigenem Pool. ❍❍–❍❍❍

La Rotonda, Villa Comunale Garibaldis, Tel. 08 04 80 83 38. Spezialitäten der Küche Baris und Tarents, freundlicher Service. In der Nebensaison Di Ruhetag. ❍❍

In Cisternino vermeint man einen Hauch von Orient zu spüren

Nach *Ostuni

Durch eine Bilderbuchlandschaft geht die Fahrt weiter. Oben am Hügel taucht ***Cisternino** auf. Ein Hauch von Orient umgibt die niedrigen Häuser mit ihren Außentreppen und Innenhöfen. Unzählige Bogen überspannen die Gassen, alles ist weiß getüncht.

Ostuni liegt wie eine Fata Morgana auf drei Hügeln, überragt von seiner Kathedrale und der farbigen Kuppel der Barockkirche **Santa Maria Maddalena.** Von der Piazza della Libertà mit dem hl. Oronzo auf der prächtigen Bildsäule nimmt man die Via Cattedrale hinein in die Altstadt. In den kleinen, hübschen Gassen setzen im Sommer intensiv rosa blühende Bougainvilleen farbige Akzente vor den weißen Mauern.

Treppauf geht es zur ***Kathedrale** von 1435 mit eigentümlich geschwungener Fassade. Der filigrane Rundbogenfries scheint mit der prächtigen Fensterrose und dem reich verzierten Mittelportal um die Aufmerksamkeit des Betrachters zu wetteifern. Einmalige Ausblicke bietet die Panoramastraße, die die Altstadt umgibt.

IAT, Corso Mazzini 8, 72017 Ostuni, Tel./Fax 08 31 30 12 68.

Gran Hotel Masseria Santa Lucia, 72017 Ostuni Marina, an der SS 379, km 23,5, Tel. 08 31 33 04 18, Fax 08 31 30 40 90. In einer rosa gestrichenen *masseria* (Bauernhof) verbirgt sich ein Luxushotel, das an orientalische Oasenpracht erinnert, mit Sand- und Felsstrand. ○○○

Tre Torri, Corso Vittorio Emanuele 298, Tel./Fax 08 31 33 11 14. Zentral im neueren Stadtteil. ○–○○

Osteria del Tempo Perso, Via G. Tanzarella Vitale 47, Tel. 08 31 30 33 20. In einer angenehm temperierten Grotte genießt man apulische Küche vom Allerfeinsten. Die *niumarieddi,* Rouladen aus Lammleber, zählen zu den Spezialitäten der typischen Murge-Küche; reichhaltige Auswahl an köstlichen Antipasti. Mo Ruhetag. ○○

Trattoria del Frantoio, Via Bixio Continelli 54/64. Typisch apulische Küche gibt's in den gewölbten Räumen der mittelalterlichen Ölpresse. ○

Brindisi

Die weltoffene Provinzhauptstadt Brindisi (95 000 Einw.) ist inzwischen weit ins Hinterland hineingewachsen. Die Geschicke des Ortes bestimmte der einzigartige Naturhafen in Form eines Hirschkopfes (messapisch *brunda*). Brundisium war der wichtigste Orienthafen Roms. Noch heute ist die

3
Seite 64

Stadt der bedeutendste Fährhafen nach Griechenland. Geschichte erlebte Brindisi reichlich: die versuchte Einschließung des Pompeius durch Julius Cäsar, 49 v. Chr., den Tod des Dichters Vergil im Jahr 19 v. Chr., 1225 die Hochzeit Friedrichs II. mit Jolanda von Brienne, und nicht zuletzt war Brindisi von September 1943 bis Februar 1944 italienischer Regierungssitz.

3

Seite 64

Ein gelungenes Ensemble ist die **Piazza del Duomo.** Hierzu tragen nicht nur der massive barocke Campanile und die statuengeschmückten Fassade des **Doms** bei, sondern auch das in einem Palazzo beheimatete Priesterseminar und die Reste eines romanischen Stadthauses, des so genannten Templerportikus. Die ursprünglich romanische Bischofskirche wurde nach einem Erdbeben 1746 barock erneuert. Sie besitzt noch ein romanisches Bodenmosaik und ein verziertes Chorgestühl. Links neben dem Dom liegt der Zugang zum ***Archäologischen Museum Francesco Ribezzo.** Ein Unikum sind die messapischen Vasen mit den Rädchen *(trozzelle)* an den Henkeln. Im Lapidarium stehen ideal proportionierte antike Großstatuen. (Öffnungszeiten: Mo–Fr 9.30–13.30, 15–19, Sa/So 9–13 Uhr, Winter nur vormittags, So geschl.).

Durch den Turmdurchgang erreicht man zwei mächtige leere Sockel, auf denen einst die Endsäulen der Via Appia am Meer standen. Eine steht inzwischen in Lecce (s. S. 33), die zweite wurde zu Restaurierungszwecken entfernt. Stadteinwärts übersieht man leicht die kleine Rundkirche ***San Giovanni al Sepolcro** aus dem 12. Jh. Wer noch weiter spaziert, trifft auf die romanische ehemalige Klosterkirche der Benediktiner, ***San Benedetto,** mit auffallend farbiger Gliederung. Durch den dreischiffigen Innenraum erreicht man den ältesten erhaltenen Kreuzgang in Apulien. Zurück am Hafenkai, erblickt man auf dem gegenüberliegenden Ufer das 53 m hohe **Monumento al Marinaio.** Das Denkmal für die Seeleute in Form eines stilisierten Ruderblatts bietet einen guten Überblick über den Hafen. Das gewaltige staufische Kastell am westlichen Becken ist wie das aragonesische auf der vorgelagerten Insel Sant'Andrea in Militärbesitz und nicht zu besichtigen.

APT, Via C. Colombo 88, 72100 Brindisi, Tel. 08 31 52 30 72, Fax 08 31 56 21 49; Informationsbüro: Lungomare Regina Margherita (Hafen).

Hotel Internazionale, Lungomare Regina Margherita, Tel. 08 31 52 34 73, Fax 08 31 52 34 76. Hotel am Meer aus der Zeit, als Brin-

disi nach der Öffnung des Suezkanals 1869 wieder vom Orienthandel profitierte. Mit Restaurant und Pizzeria, sehr gutes Eis. ○○–○○○

La Lanterna, Via Tarantini 8, Tel. 08 31 56 40 26. Ausgezeichnete Küche in einem stilvollen Palast mit Garten; So und Aug. geschl. ○○○

Panificio Donnicola, Via Battisti 5. Nahe der zentralen Piazza del Popolo kann man *Foccaccia brindisina,* eine Brotspezialität, kosten.

Tipp Für den Weg zur Küste bietet sich das kleine Sträßchen Richtung Nordwesten an, das mit einer der schönsten Kirchen der Gegend aufwartet: ****Santa Maria del Casale** aus dem späten 13. Jh. Die geometrische Musterung der *Fassade aus rot-weißem Gestein überrascht jeden Besucher. Der Innenraum ist fast komplett mit *Fresken des 14. Jhs. überzogen.

Bei Torre Canne lädt ein Abstecher nach **Fasano** zur Zoosafari ein! Hier warten Affen, Elefanten und Tiger auf Besucher. Vogel- und Tropenhäuser sowie eine Delfinshow garantieren spannende Abwechslung (Öffnungszeiten: März–Mai 9.30–16, Juli 9.30 bis 17.30, Aug. 9.30–18.30, Sept.–Dez. 10 bis 15.30 Uhr, Jan./Feb. geschl.).

*Egnazia

Am Meer erstreckt sich einige Kilometer nördlich das weitläufige Grabungsgelände von Egnazia. Die Spuren der Besiedlung reichen von der Bronzezeit bis ins Mittelalter. Rechts von der Hauptstraße gehen die Blöcke der messapischen Mauer bis ans Wasser. Links der Straße sind die Reste der römischen Basilika, des Amphitheaters

Badevergnügen in Egnazia

und des gepflasterten Forums zu erkennen. Schwere Karren drückten tiefe Spuren in die Pflastersteine der Via Traiana. Auch die Apsis einer frühchristlichen Basilika ist gut sichtbar.

Sehenswert ist das neue ***Museum** mit einer gelungen präsentierten frühapulischen Abteilung. Die schönsten Exponate sind die römischen *Mosaike mit farbigen Tierfiguren und verspielten Ornamenten in sehr zarten Farbschattierungen (Öffnungszeiten: Museum tgl. 8.30–19 Uhr, Ausgrabungen bis 1 Std. vor Sonnenuntergang; deutscher Begleittext mit Lageplan).

Monopoli

Kleine Felsbuchten wechseln mit kurzen Abschnitten Sandstrand auf dem Weg nach Monopoli (47 000 Einw.). Im Hafen hat die Fangflotte festgemacht, umgeben von kleinen Booten und Segeljollen. Das mächtige Kastell sicherte einst den Zugang zur Altstadt. Man tritt durch einen Bogen auf die hübsche Piazza Garibaldi und folgt der Via Amalfitana zur stimmungsvollen romanischen Kirche **Santa Maria degli Amalfitani.** Durch die Altstadt geht es weiter zum festlichen Renaissancebau ***San Domenico.** Eine Fassade mit einer großartigen Fensterrose geleitet ins harmonische Innere, wo Putten

3

Seite 64

von der Decke blicken. Die fantasiereichen Barockaltäre und das *Wunder von Soriano von Jacopo Palma d. J. (4. Altar rechts) bereichern die schöne Kirche. Barock ist auch die ***Kathedrale,** die im 18. Jh. anstelle eines romanischen Baus errichtet wurde. An Marmor wurde wahrlich nicht gespart.

Tipp Im **Caffè Roma,** Largo Arcivescovado, gibt es hervorragendes Eis und leckere Gebäckteilchen.

3

i Via Giovanni Vasco 2, 70043 Monopoli, Tel./Fax 0 80 80 85 33.

Seite 64

Melograno, Contrada Torricella 345, Tel. 08 06 90 90 30, Fax 0 80 74 79 08. Luxushotel in einer stimmungsvollen *masseria* mit antiken Möbeln; Feb. geschl. OOO

*Polignano a Mare

Jetzt führt die Straße am Meer entlang nach Polignano a Mare (16 000 Einw.). Seine weißen Häuser auf dem steil abfallenden Felsvorsprung scheinen fast ins Meer zu stürzen. Spektakulär ragt die anmutige ***Altstadt** in die blaue Adria hinaus. Über die Porta del Borgo Antico – den einzigen Zugang zur Stadt bis ins 18. Jh. – erreicht man die zentrale Piazza Vittorio Emanuele mit der Kirche **Santa Maria Assunta.** Die Fassade schmückt ein Renaissanceportal, im dreischiffigen Inneren zieht die bemalte Holzdecke den Blick an.

Durch die Altstadt gelangt man zu den ***Panoramaterrassen** ans Meer. Unerwartet öffnet sich die Sicht auf kleine Buchten mit unzähligen Grotten. Die spektakulärste, die **Grotta Palazzese,** besichtigt man vom Restaurant des gleichnamigen Hotels (s. u.) aus (Öffnungszeiten: Mitte Mai–Sept. tgl. 10–12.30, 16.30–19.30 Uhr).

Malerisch liegen die Boote im Hafen von Monopoli

Grotta Palazzese, Via Narciso 59, 70044 Polignano a Mare, Tel. 08 04 24 06 77, Fax 08 04 24 07 67. Der Speisesaal liegt im vorderen Teil der Grotta Palazzese (nur im Sommer). Stimmungsvoll ist ein Abendessen in dieser weitläufigen Grotte mit Blick aufs Meer. OOO

Mola di Bari

Die letzte größere Ortschaft vor Bari ist Mola di Bari (26 000 Einw.). Am Rand der kleinen Altstadt bewacht das wehrhafte Anjoukastell die im Hafen dümpelnden Boote; dahinter öffnet sich die hübsche Piazza Roma mit Cafés und Bars. Aus den Gassen ragt die **Kathedrale San Nicola** empor. Dalmatinische Meister hinterließen mit dieser Kirche, die um 1550 entstand, eine interessante Stilmischung: In der Struktur folgt der Bau der apulischen Romanik, die Verzierungen und die Apsis zeigen jedoch den Stil der Renaissance. Barocke Altäre setzen den Schlusspunkt.

Tour 4

Griechisches Flair im Salento

****Otranto → Santa Maria di Leuca → **Gallipoli → Nardò → Manduria → Taranto (235 km)**

Glasklares, türkis schimmerndes Wasser von hervorragender Badequalität sowie unzählige Sand- und Felsbuchten machen den Salento zu einem Paradies für Sonnenhungrige und Wassersportler. Das Landesinnere prägen die niedrigen karstigen Murge Salentine, die sich fast wie eine Hochebene über den Absatz des italienischen Stiefels erstrecken. Weinreben, Oliven- und Mandelbäume setzen griechisch-mediterrane Akzente. Blendend weiße Städtchen und einsame Gehöfte verstärken den Eindruck. Die im Salentiner Barock gestalteten Fassaden vervollständigen den Reiz der noch fast unbekannten Halbinsel, für die man sich ein bis zwei Tage Zeit lassen sollte.

**Otranto

Wahrscheinlich gründeten Griechen aus Taranto den Ort Hydruntum, den Vorgänger des heutigen Otranto, Italiens östlichste Stadt (5200 Einw.). Eine erste Blütezeit erlebte sie im 7. Jh. als Zentrum der verbliebenen byzantinischen Territorien im Süden des Landes. Der Name Terra d'Otranto für den Salento stammt aus dieser Zeit. Eine Katastrophe für die Stadt und ein Schock für das gesamte christliche Abendland war die türkische Eroberung im Jahr 1480.

Ein riesiger Teppich aus Steinchen liegt im Dom von Otranto . . .

Eine lange Sandbucht führt zur anmutigen ****Altstadt,** die auf einem kleinen Kap über dem Fischerhafen liegt. Enge gepflasterte Gassen, weiße niedrige Häuser – man taucht in eine mediterrane, griechisch wirkende Welt ein. Zwei mächtige Stadttore sichern den Zugang. Nach rechts geht es zur 1080 begonnenen romanischen ***Kathedrale** mit dem berühmten gewaltigen **Fußbodenmosaik, das zu den größten Arbeiten dieser Art gehört und außerdem hervorragend erhalten ist. Es nimmt das gesamte Mittelschiff sowie den Chor und Teile der Seitenschiffe der Kathedrale ein und zeigt einen Lebensbaum. Die Bilder aus dem 12. Jh. erzählen biblische Geschichten und mythologische Begebenheiten, umfassen einen Ritterzyklus und die Monatsarbeiten. Die Bilder wirken stilistisch zuweilen ein wenig ungelenk, sind jedoch thematisch außergewöhnlich. Die **Krypta, einen Stock tiefer, ist die erste Hallenkrypta Apuliens – ein Säulenwald mit bemerkenswerten Kapitellen.

Gepflegte Gässchen führen zum ***Kastell,** 1485–1498 von Alfons V. von Aragon errichtet. Seine dicken Mau-

4

Seite 71

Alstadtgasse in Otranto

ern, der tiefe Graben, die drei mächtigen Rundbastionen und die vierte, später angebaute Lanzenbastion entsprangen der Angst vor einem erneuten Überfall der Türken. (Öffnungszeiten: im Sommer in der Regel 16–20/21 Uhr). Zentrum der Altstadt ist die allzeit belebte **Piazza del Popolo.**

An der Bummelmeile, dem **Corso Garibaldi,** lassen sich Glasbläser und Pappmachékünstler bei der Arbeit zuschauen, Souvenir- und Lebensmittelgeschäfte bieten salentinische Spezialitäten an.

Tipp Vom Hafen lohnt ein Ausflug zum ***Ipogeo Torre Pinta** in der gleichnamigen *masseria* (hier auch Agriturismo, Tel./Fax 08 36 42 83 58, mobil 03 60 26 31 27). Ein 33 m langer Tunnel führt zu einer von messapischer bis in frühchristliche Zeit genutzten Kultstätte (2 km südlich).

i **APT,** Piazza Castello, 73028 Otranto, Tel./Fax 08 36 80 14 36. Die APT und die **Operatori Turistici Otrantini** (OTO), Largo Cavour (am Ende der Via Garibaldi), organisieren Unterkünfte und geben Auskünfte.

Exotische Villen prägen das Gesicht von Santa Maria di Leuca

Busverbindungen: Im Sommer kostenlose Shuttle-Busse zu Stränden an den Alimini-Seen.

Grand Hotel Club Daniela, Ortsteil Conca Specchiulla, 10 km nördlich des Zentrums, Tel. 08 36 80 66 48, Fax 08 36 80 66 67. Einer der wenigen Klubs im Salento mit Animation, Kinderbetreuung, Minizug zum Privatstrand hinter der Pineta. Nur wochenweise Buchung. ○○–○○○

Rosa antico, SS 16, km 1, Tel. 08 36 80 15 63, Fax 08 36 80 42 93. Eine rosafarbene Villa im Orangenhain mit Garten, stilvoll eingerichtete Zimmer. ○○

La Botte, Via del Porto 6, Tel. 08 36 80 42 93. In dem familiären Restaurant bekommt man gute Hausmannskost serviert, besonders empfehlenswert sind die Fischgerichte; Di Ruhetag. ○

Tipp Am ersten Septemberwochenende fließt in Carpignano (10 km von Otranto) bei der **Festa del Vino** der Wein gratis; Folkloregruppen.

Nach Santa Maria di Leuca

Entlang der Küste gelangt man zum östlichsten Punkt Italiens am **Capo d'Otranto.** Bis zur fjordartigen Bucht

4 Seite 71

Die Küste bei Castro Marina lädt zum Badeurlaub ein

von ***Porto Badisco** reicht die Sicht, sowie über den nur 70 km breiten Kanal von Otranto bis zu den albanischen Küstenbergen. Die Straße verläuft romantisch zwischen Fels und Meer hindurch bis **Santa Cesarea Terme** (3000 Einw.). Die haushohen Wände eines Steinbruchs am Meer bilden mit der Kuppel einer orientalisch angehauchten Villa den Blickfang in dem sympathischen Bade- und Thermalort.

i **APT,** Via Roma 209, 73020 Santa Cesarea Terme, Tel./Fax 08 36 94 40 43.

Die Perle unter den Grotten dieses Küstenabschnitts ist die **Grotta Zinzulusa.** Wie eine Theaterbühne öffnet sich der Eingang, wo schon die namengebenden *zinzuli* (»Fransen«) herabhängen. Eindrucksvolle Stalagmiten und Stalaktiten entstanden in dem 135 m langen Gang, der bis zum Dom, einer eindrucksvollen Halle, führt (Öffnungszeiten: Mitte Juni–Mitte Sept. 9.30–18 Uhr, sonst 9–12, 14–16 Uhr).

Der nette Badeort **Castro Marina** lädt zum Schwimmen in klarem Wasser ein. Das alte Bergdorf **Castro** liegt in 90 m Höhe darüber. Es wird vom spanischen Kastell bewacht, in der Nähe steht die ehemalige Kathedrale (12. Jh.) Die *Aussicht reicht von der Terrasse hinter der Festung bis nach **Santa Maria di Leuca,** dem südlichsten Punkt Apuliens. Hier überragt der weiße Marineleuchtturm eine kuriose Ansammlung von Villen aller Stile.

**Gallipoli

Die Küste bleibt felsig, ab und zu öffnen sich Badebuchten. Stein beherrscht die Landschaft, die Trulli heben sich kaum vom natürlichen Untergrund ab. Die Wachtürme entlang der Küste bilden die einzig markanten Punkte. Hier entstanden neue Siedlungen, die nur im Sommer zum Leben erwachen, Torre Pali, Torre Mozza oder das etwas größere Torre San Giovanni. Bei Torre del Pizzo beginnt der weite Piniengürtel, der sich hinter der sandigen Bucht ***Baia Verde** bis kurz vor **Gallipoli** (21 000 Einw.) hinzieht. Griechen aus Taranto gründeten die *kale polis,* die »schöne Stadt«, die bis zur normannischen Eroberung 1071 eines der blühenden byzantinischen Zentren des Salento war. Der griechisch-orthodoxe Ritus hielt sich hier sogar bis 1513. Enge Gassen, weiße niedrige Häuser, blumengeschmückte Balkone, Bogen und Treppenaufgänge charakterisieren die in sich geschlossene, auf einer Insel liegende ***Altstadt.** Den Zugang schützt das rechteckige, in seiner Wirkung wehrhafte ***Kastell.**

Man passiert die Markthallen und folgt der Hauptflaniermeile Via Antonietta De Pace bis zur prächtigen ***Kathedrale.** Sie wurde 1696 im Lecceser Barockstil fertig gestellt. Festlich präsentiert sich die reich verzierte, skulpturengeschmückte Tufffassade, während sich das lichtdurchflutete Innere noch stark von der Renaissance beeinflusst zeigt. Die Mehrzahl der dort ausgestellten farbenprächtigen Gemälde voll religiösem Pathos schuf

4

Seite 71

Die Ruinen der Wachtürme erinnern an die Türkengefahr

der einheimische Künstler Giovanni Andrea Coppola (1597–1659).

Das **Museo Civico** in der Via A. De Pace 108 beherbergt ein auch für Kinder abwechslungsreiches Sammelsurium vom Walskelett über Mineralien bis zum messapischen Sarkophag und vielen weiteren interessanten Exponaten (bis Ende 2001 in restauro, Auskunft: Tel. 08 33 26 42 24). Auf den **Riviere** (Uferstraßen) kann man um die Altstadt herumspazieren. Der tolle ***Ausblick** auf die Küste und mehrere Barockkirchen lohnen den Weg.

4

Seite 71

APT, Piazza Imbriani 9, 73014 Gallipoli, Tel. 08 33 26 25 29.
Servizio Guide Turistiche,
Tel. 08 36 55 43 25, 0 33 95 74 51 89, organisiert deutschsprachige Führer für Gallipoli und das Salento.

Bootsausflüge zur Leuchtturminsel Sant'Andrea, Fahrten mit Glasbodenbooten, ab Hafen, Tel. 08 33 26 25 29.

Al Pescatore,
Riviera Cristoforo Colombo 39, Tel./Fax 08 33 26 43 31. Im Palazzo des 17. Jhs. wohnt man stilvoll in der Altstadt, Blick auf den Hafen; Trattoria mit guten Fischgerichten. ❍❍

»Mamma, li turchi!«

Zuerst die Sarazenen, seit dem 14. Jh. die Türken: Die Küsten Süditaliens hatten lange unter den Raubzügen islamischer Piraten zu leiden. Mit dem Fall Konstantinopels 1453 trat jedoch eine neue Situation ein, denn nun schickten sich die Türken erstmals zur dauerhaften Landnahme in Italien an.

Am 28. Juli 1480 griff eine aus 90 Galeeren mit 18 000 Mann bestehende Flotte unter dem berüchtigten Ahmed Pascha Otranto an. Die letzten 800 Einwohner mussten am 12. August kapitulieren. Da sie ihrem Glauben nicht abschwören wollten, wurden sie am 14. August brutal niedergemetzelt. Ihre Gebeine birgt heute die Märtyrerkapelle im Dom. So entstand eine erste türkische Kolonie in Süditalien und mit ihr eine ständige Bedrohung für das Umland. Erst im September 1481 gelang es dem Thronfolger Alfonso, die Türken aus Otranto zu vertreiben.

Das kurze, aber schockierende Auftauchen der Türken im 16. Jh. führte zu verstärkten militärischen Aktionen der neuen spanischen Regierung in Neapel. Damals wurden die für die Küsten Apuliens und Kalabriens so charakteristischen Wehrtürme errichtet und die Kastelle verstärkt. Der Schreckensruf »Mamma, li turchi!« (»Mama, die Türken!«) hielt sich bis heute im Sprachschatz des Südens.

Marechiaro, Lungomare Marconi, Tel. 08 33 26 61 43. Der Familienbetrieb nimmt den kleinen Felsen vor der Altstadtbrücke vollständig ein; hervorragende Fischgerichte wie die Fischsuppe *alla gallipolina,* in der Nebensaison Di Ruhetag. ○○○

Nach Alezio

Die Fahrt führt von Gallipoli ins Innere des Salento, ein landwirtschaftlich intensiv genutztes Gebiet. Auf der roten Erde erzeugen die silbrig glänzenden Olivenhaine, das grüne Weinlaub und die weißen *masserie* (Bauernhöfe) einen schönen Kontrast. Hell am Hügel liegt das nette Städtchen **Alezio** (5000 Einw.). Weniger die Kunst, als vielmehr der hervorragende Wein der Region lockt die Reisenden hierher.

Tipp Die Kellereien finden sich in der Via Garibaldi. Bei **Giuseppe Calò** sollte man den Weißen *Bolina* aus der trockenen und zugleich sanft süßlichen Verdeca-Traube, den duftigen Rosé *Rosa del Golfo* und den ausgezeichneten Roten *Portulano* probieren.

Galàtone und Galatina

Durch Weinfelder geht es nach **Galàtone** (16 000 Einw.). Am Rand der Altstadt, vor dem viereckigen Wehrturm, erhebt sich eine der schönsten Barockkirchen der Gegend im Leccheser Stil. Die dreiteilige Fassade des **Santuario del Crocifisso della Pietà wirkt durch das große Fenster mit seiner fein durchbrochenen Marmorplatte fast ein wenig maurisch. Noch prächtiger präsentiert sich der Innenraum der Wallfahrtskirche mit vergoldeter Kassettendecke und seinem »Zuckerbäckeraltar«.

Nur wenige Kilometer weiter kommen die Mittelalterfans auf ihre Kosten. In **Galatina** (29 000 Einw.) besticht ein umfangreicher Freskenzyklus aus dem Quattrocento in der Kirche ***Santa Caterina d'Alessandria.** Der Feudalherr Raimondello del Balzo Orsini ließ den Bau ab 1384 errichten. Die *Fresken mit Szenen aus dem Leben Christi und der hl. Katharina sowie aus der Genesis und der Apokalypse gab seine Witwe um 1420 bei neapolitanischen und mittelitalienischen Malern in Auftrag. Die spätgotischen *Grabmäler Orsinis und seines Sohnes (in der Apsis) zählen zu den

4
Seite 71

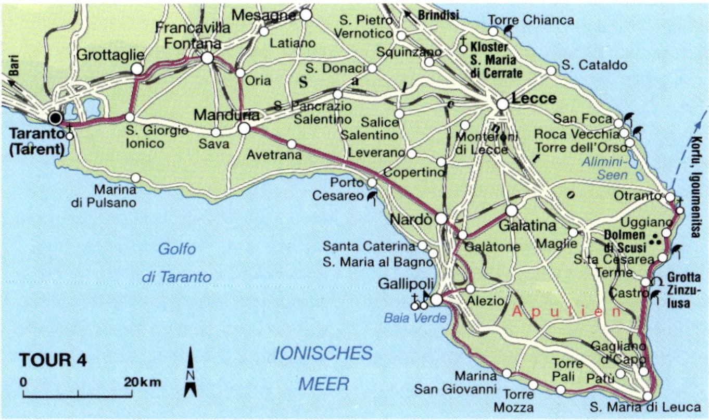

bedeutendsten Skulpturen dieser Epoche in Apulien.

Tipp Noch ein Grund, nach Galatina zu fahren: Die *divini amori*, mit Marmelade gefüllte Plätzchen aus Mandelteig, schmecken so göttlich wie ihr Name ahnen lässt. Das köstliche Gebäck bekommt man z. B. in der **Pasticceria Ascalone,** Via Vittorio Emanuele 17.

Agriturismo Lo Prieno, Contrada Orelle (Richtung Secli), 73044 Galàtone, Tel. 08 33 86 58 98, Fax 08 33 89 18 79. Idyllisch gelegener Hof inmitten weiter Olivenhaine, Zimmer, Wohnungen und Camping. ❍–❍❍

4

Seite 71

Nardò

Das Zentrum von Nardò (31 500 Einw.) ist die geschlossene Platzanlage der ***Piazza Salandra** mit der 30 m hohen *Guglia dell'Immaculata* (Mariensäule). Die Barockkirche **San Domenico** sieht man schon von der Piazza aus. Ungewöhnlich sind die grotesken Trägerfiguren an der Fassade. Rechts am Sedile vorbei erreicht man vom Hauptplatz aus die sehenswerte **Kathedrale** mit Barockfassade und einem romanisch-gotischen Innenraum. Eines der seltenen *Holzkruzifixe des Südens, von einem katalanischen Künstler im 13. Jh. aus Zedernholz gearbeitet, hängt in der dritten Kapelle links.

Die Hausstrände von Nardò liegen umgeben von grünen Hügeln in den Badeorten **Santa Caterina** und **Santa Maria al Bagno.** Vor dem türkisfarbenen Meer ragen die **Quattro Colonne** empor, die Ecktürme des einst spanischen Kastells.

Porto Cesareo

Entlang der Küste folgt jetzt ein Wehrturm dem anderen. Sandbuchten laden zu einer Pause ein. Vor dem lebhaften Bade- und Fischerort mit feinem Sandstrand breitet sich ein Archipel winziger Inseln aus – ideal für Sonnenanbeter und Hobbytaucher. Wer nicht nur einfach hinüberschwimmen möchte, kann an der Hafenpromenade ein Boot mieten. *Die* Sehenswürdigkeit des Ortes ist – natürlich – ein Wachturm des 16. Jhs.

Pro Loco, Via Pellico 36, 73010 Porto Cesareo, Tel./Fax 08 33 56 90 86.

Lo Scoglio, auf der Insel Lo Scoglio, Tel. 08 33 56 90 79, Fax 08 33 56 90 78. Auf der über eine Brücke erreichbaren kleinen Insel im Hafen liegt das angenehme Hotel mit eigenem Strand und schöner Parkanlage. ❍❍

Il Gambero, Tel. 08 33 56 91 85, neben dem Wehrturm. Romantisch im Freien direkt am Wasser genießt man gute Fischgerichte. Mo Ruhetag. ❍

Da Tonino, Piazza Risorgimento 1, Tel. 08 33 56 91 85. Die frittierten Snacks und Pizzas sind auch als Zwischenmahlzeit ideal. Mo Ruhetag. ❍

Manduria

Wer an der Küste weiterfährt, findet Sandstrände, sanfte Dünen und, je näher man Taranto kommt, allerdings auch mehr Badegäste. Die Route führt durchs Landesinnere nach Manduria (31500 Einw.), in eine der interessantesten Städte des Salento mit Sehenswürdigkeiten aller Epochen.

Noch als Ruine eindrucksvoll: die messapische Mauer in Manduria

Nordöstlich des Ortes, bei der modernen Kirche Sant'Antonio, stehen ausgezeichnet erhaltene Reste der *messapischen Mauer. Sie ist bis zu 7 m hoch und stammt aus dem 5.–3. Jh. v. Chr. Etwas stadteinwärts liegt die ***Fonte Pliniano,** ein unterirdisches Quellheiligtum. Schon Plinius d. Ä. interessierte sich wegen des stets gleich bleibenden Wasserspiegels für diesen Ort. In der **Altstadt** findet sich die romanische, später in Renaissanceformen erneuerte Hauptkirche **San Gregorio Magno.** Im Innenraum fallen die feinen Karyatiden an der formschönen Nussholzkanzel aus dem Jahr 1608 auf. Schräg gegenüber der Kirche liegt versteckt der kleine Zugang zum mittelalterlichen jüdischen Ghetto.

Pro Loco, Via P. Maggi 7, 74024 Manduria, Tel./Fax 09 99 79 66 00; im Sommer: Piazza delle Perdonanze 2, S. Pietro in Bevagna (am Meer), Tel. 09 99 72 82 68.

Al Castello, Piazza Garibaldi 16. Im Erdgeschoss des Palazzo Imperiali genießt man apulische Spezialitäten und viele ausgezeichnete Pizzavarianten mit frischen Zutaten. ❍

Mittelalterliche Gassen warten hinter dem Tor zur Giudea in Oria

4

Seite 71

*Oria

Über den Tavoliere di Lecce geht es zu dem die weite Ebene beherrschenden Städtchen (15 000 Einw.). Die farbige Kuppel der barocken Basilika **Santa Maria Assunta** und das mächtige Kastell überragen die weißen niedrigen Häuser auf dem Hügel. Der einstige Königssitz der Messapier erlebte seine zweite Blütezeit im Mittelalter: Friedrich II. ließ im 13. Jh. auf der alten Akropolis das **Kastell** über dreieckigem Grundriss errichten. Heute beherbergt es das Museo Archeologico mit der Sammlung Martini Carissimo (tgl. 9–12.30, 15 Uhr bis Sonnenuntergang). Durch seine große jüdische Kolonie nahm Oria auf wissenschaftlichem und kulturellem Gebiet eine führende Stellung ein. Das Viertel ***Giudea** (»Judäa«) erinnert bis heute daran und ist einer der am besten erhaltenen Flecken des mittelalterlichen

Apulien. Unter der Aussichtsterrasse vor der Basilika liegt das neue Centro di Documentazione messapica.

Pro Loco, Via Astore 31, 72024 Oria, Tel. 08 31 84 59 39; oder **Municipio** (Rathaus), Assessorato alla Cultura e Turismo, Tel. 08 31 84 50 44, Fax 08 31 84 79 58.

Vecchia Oria, Vico Rotto Milizia 3, Tel. 08 31 84 58 80. Bodenständige, fantasievolle Küche. Mi Ruhetag. ❍❍❍

4

Seite 71

Grottaglie

Nach Grottaglie (31 000 Einw.) fährt man vor allem zum Keramikkauf . Die berühmten Tongefäße wurden im 16. Jh. sogar ins Habsburgerreich und in die Türkei exportiert. Kundig macht man sich im **Majolika-Museum,** Via Iacopo della Queria (Öffnungszeiten: Mo–Sa 9–14 Uhr, im Sommer länger). Ein ganzes Viertel, der ***Quartiere delle Ceramiche Camenn'ri** unterhalb des Kastells (14. Jh.), lädt zum Bummeln ein. Überall stehen Schüsseln und Krüge zum Trocknen. Die Läden wurden teilweise direkt in den Fels gehauen. Eine Vorliebe für die Motive Hahn und blaue Sternchen kennzeichnet die traditionelle Keramik, auch modernes Design ist vertreten. Von der zentralen Piazza Margherita mit der romanischen Hauptkirche lohnt ein Bummel hinauf ins Gassengewirr der weißen ***Altstadt.** In der Chiesa del Carmine steht eine schöne ***Steinkrippe** von Stefano da Putignano.

Akropoli, Via Platone 1, 74023 Grottaglie, Tel. 09 95 63 90 16. Einfaches Hotel im Zentrum, Zimmer ohne Bad, dafür gute Trattoria – die Patrona kocht selbst! ❍

Tour 5

Armes, wildes Land

Taranto → *Matera → Potenza (195 km)

Das Hinterland der Industriemetropole Taranto wartet mit einer einzigartigen Landschaft und ausgefallenen Sehenswürdigkeiten auf. Tiefe Schluchten, die Gravine, durchschneiden die Karstflächen. In ihren teils natürlichen, teils vergrößerten oder angelegten Grotten lebten seit frühgeschichtlichen Zeiten Menschen. In den berühmtesten dieser Höhlen, den Sassi von Matera, waren es nach dem Zweiten Weltkrieg noch mehr als 20 000! Carlo Levi prangerte die teilweise katastrophalen sozialen Verhältnisse in der Basilikata 1945 in seinem Roman »Christus kam nur bis Eboli« an. Ein bis zwei Tage sollte man für diese Tour einkalkulieren.

Taranto

Den Auftakt zu dieser Tour bildet die Hafen- und Industriestadt Taranto (Tarent; 232 000 Einw.), in der vor 2500 Jahren schon 300 000 Menschen lebten. Gegründet wurde das antike Taras im Jahr 706 v. Chr. von Kolonisten aus Sparta. Während der ersten Hälfte des 4. Jhs. v. Chr. wuchs die Macht der Stadt unter Archita, einem Freund Platons. Die natürlichen Ressourcen des Meeres machten Taras so reich, dass seine Bewohner es sich leisten konnten, andere für sich kämpfen zu lassen. 279 v. Chr. siegte Pyrrhus, König von Epirus, den die Tarentiner zu Hilfe gerufen hatten, gegen die Römer. Bis heute spricht man vom

Allein das Archäologische Museum ist eine Reise wert

Seit 2500 Jahren spiegeln sich in Taranto Häuser im Meer

»Pyrrhussieg«, denn nutzen konnte der König seinen unter ungeheuren Verlusten errungenen Erfolg letztlich nicht. 272 v. Chr. zogen die Römer schließlich auch in Taranto ein. Langobarden, Sarazenen, Byzantiner, Normannen, Staufer und Anjou folgten ihnen, ohne dass die Stadt jemals wieder ihre alte Bedeutung erlangt hätte. Im 16. Jh. wurde der Hafen gegen die Türken befestigt und Taranto erlebte als Marinestützpunkt einen allmählichen Aufschwung. Heute hat die Stadt mit sozialen Problemen und einer hohen Arbeitslosigkeit aufgrund der Krise der Stahlwerke Italsider zu kämpfen.

Die Altstadt erstreckt sich auf einer Insel zwischen dem landeinwärts gelegenen Mare Piccolo und dem Mare Grande auf der Meerseite. Die Ende des 19. Jhs. rechtwinklig angelegte gepflegte Neustadt dehnt sich auf dem östlichen Festland aus, die Industriezone im Nordosten am Mare Piccolo.

Hauptsehenswürdigkeit Tarantos ist das ****Archäologische Museum** am Corso Umberto I 41 in der Neustadt – nach Neapel die bedeutendste Sammlung dieser Art in Süditalien. Der Rundgang beginnt bei Exponaten aus der Steinzeit bis zur Eisenzeit, u. a. 7000 Jahre alte Keramik. Es folgen Skulpturen, Mosaiken und *Grabreliefs des 5.–3. Jhs. v. Chr. sowie korinthische Vasen und römische Porträtköpfe. Den Glanzpunkt bildet der berühmte **Goldschmuck von Tarent. Die meisten der kostbaren antiken Diademe, Halsketten, Ohr- und Fingerringe sind Grabfunde (das Museum ist noch in restauro, ein Teil der Schätze ist im Palazzo Pantaleo am Corso Vittorio Emanuele II zu besichtigen; Öffnungszeiten: tgl. 8.30–19 Uhr).

Man folgt dem Corso Umberto bis zu einem Wahrzeichen von Taranto, der Drehbrücke über den 1481 eröffneten Schifffahrtskanal zwischen Alt- und Neustadt. Das mächtige, zur gleichen Zeit errichtete ***Kastell** (heute Marinebesitz) mit vier Rundbastionen schützt die Einfahrt. Sowohl entlang der Meerseite als auch durch die heruntergekommene Altstadt gelangt man zum ***Dom.** Anfang des 11. Jhs. bauten die Tarentiner diese typisch byzantinische Kathedrale in Form eines griechischen Kreuzes mit *Kuppel über der Vierung. Nach der normannischen Eroberung im 11. Jh. ließ der neue – lateinische – Bischof einen Kreuzarm abreißen und dafür das dreischiffige Langhaus errichten. Die vergoldete Kassettendecke des Mittelschiffs ist eine barocke Veränderung. Besonders die *Cappella San Cataldo neben dem Chor wurde eben-

5
Seite 78

falls im Barockstil reich ausgestattet. Am Rand der Altstadt ragt über einer steilen Barocktreppe die Kirche **San Domenico** aus dem 13./14. Jh. empor.

Für den Rückweg nimmt man die Uferstraße am Mare Piccolo, die mit dem lebhaften **Fischmarkt** und vielen winzigen Läden lockt. *Pittaggi* nennt man die engen Durchgänge mit Treppenstufen in die Altstadt.

Tipp Für Freunde moderner Architektur lohnt die Fahrt entlang des Lungomare Vittorio Emanuele III in der Neustadt bis zur Via Magna Grecia. An der Ecke zur Via Dante überrascht die 1971 von Gio Ponti erbaute ***Concattedrale:** ein leichter Bau, der Anleihen bei der Gotik nimmt.

APT, Corso Umberto 121, 74100 Taranto, Tel. 09 94 53 23 97, Fax 09 94 52 04 17; Informationsbüro: Corso Umberto 113, Tel. 09 94 53 23 92.

Plaza, Via D'Aquino 46, Tel. 09 94 59 07 75, Fax 09 94 59 06 75. Modernes Hotel gegenüber dem Archäologischen Museum. ❍❍

Parkhotel Margrande, Viale Virgilio 90, Tel. 09 97351713, Fax 09 97 36 94 94. Bequemes Hotel in der Neustadt. ❍❍

Il Caffè, Via D'Aquino 8, Tel. 09 94 59 34 47. Elegantes Restaurant nahe der Zugbrücke, überwiegend Meeresküche. Di und Nov. geschl. ❍❍–❍❍❍

Assassino, Lungomare Vittorio Emanuele III 29 (Altstadt). Typisch apulische Küche. Sommer So geschl., Winter Fr und Aug. geschl. ❍❍–❍❍❍

La Nuova Sem, Via Giovanizzi 31, Nähe Archäologisches Museum. Ältestes Café der Stadt in neuem, schmuckem Look, mit Restaurant und Tearoom. ❍

Massafra

Das viereckige mächtige Kastell aus dem 16. Jh. ist das erste, was man von Massafra (31 000 Einw.) erblickt. Der Ort liegt zu beiden Seiten der beeindruckenden Felsschlucht **Gravina San Marco,** vom 9. bis 13. Jh. war er das Zentrum der Basilianer-Mönche. Sie folgten Basilius d. Gr. (gest. 379), dem Begründer des morgenländi-

»Christus kam nur bis Eboli«

Der junge Turiner Arzt Carlo Levi (1902–1975) wurde als aktiver Antifaschist 1935 für einige Jahre nach Aliano (ca. 80 km südöstlich von Potenza) verbannt. Hier lernte er die archaische Welt der Bauern in der Basilikata voller Aberglauben, Mühsal und Armut kennen. Seine Erlebnisse veröffentlichte er 1945 in dem Roman »Christus kam nur bis Eboli« – ein Ort im Süden von Salerno. »Wir sind keine Christen«, sollen die Bauern Levi gesagt haben, denn sie würden leben wie Tiere. Der Roman Levis zeichnet ein drastisches Bild vom Elend des Südens und wurde zur Anklageschrift gegen die Benachteiligung des Mezzogiorno. 1979 erregte das Buch erneut Aufmerksamkeit, als es von Francesco Rosi am Originalschauplatz verfilmt wurde.

5
Seite 78

Die berühmten Sassi von Matera gelten als Weltkulturerbe

schen Mönchtums. Ausgehöhlt von unzähligen Grotten, die von der Frühgeschichte bis zum Beginn des 20. Jhs. bewohnt waren, bildet die Gravina heute ein einzigartiges Museum. Die mit Fresken geschmückten, in den Tuff gehauenen Höhlenkirchen spiegeln die tiefe Frömmigkeit der griechischen Eremiten- und Mönchskultur noch heute wider.

Pro Loco, Via Vittorio Veneto 15, 74016 Massatra, Tel./Fax 09 98 80 46 95. Organisiert werden geführte Rundgänge zu den Grotten oder Krypten auf Italienisch und Englisch.

***Sassi von Matera

Weiß am Hügel leuchtet das Städtchen **Mottola,** das in seiner Gravina imposante Grottenkirchen beherbergt. Rodolfo Guglielmi (1895–1926), besser bekannt als Rodolfo Valentino, kam in **Castellaneta** zur Welt, das ihm in der Via Municipio 19 ein Museum widmete (Öffnungszeiten: Di–So 10

Aliano, der Verbannungsort von Carlo Levi, hat sich kaum verändert

bis 13, 16/17–19/20 Uhr). Die 145 m tiefe ***Gravina** ist eine der größten Apuliens.

Immer wieder tut sich urplötzlich ein Abgrund auf, und eine neue Schlucht spaltet das weite Hügelland. Das ungewöhnlichste Zeugnis der Grottenkultur in diesen Schluchten bilden die 1993 von der UNESCO zum Weltkulturerbe erklärten ***Sassi von Matera.** Von frühgeschichtlichen Zeiten bis nach dem Zweiten Weltkrieg waren die Tuffgrotten bewohnt. Besonders begehrt – wenn auch unbequem – waren derartige Behausungen in Krisenzeiten, weil sie leicht zu verteidigen waren. Gerade das Hinterland von Taranto litt im 9. und 10. Jh. unter den Überfällen der Sarazenen. In den 50er Jahren des 20. Jhs. wurden die Zustände in den Sassi dann zur »nationalen Schande« erklärt. Rom ließ neue Wohnungen für die damals noch 15 000 Bewohner bauen, und die Räumung begann. Die leer stehenden Höhlen zerfielen allmählich und werden seit 1967 – in ebensolchem Tempo – restauriert.

Carlo Levi, **Christus kam nur bis Eboli** (TB dtv München). Der Autor, Arzt und Schriftsteller wurde vom Mussolini-Regime für Jahre in ein süditalienisches Bergdorf verbannt.

Seite 78

Nach Kriegsende fasste er seine Zeit dort in einem Roman zusammen, der zur Anklage gegen das bittere soziale Elend der Bevölkerung wurde. Das Buch wurde 1978 von Francesco Rosi am Originalschauplatz kongenial verfilmt, mit dem großartigen Gian Maria Volonté in der Hauptrolle (s. S. 76).

Ein Spaziergang entlang der Panoramastraße unterhalb der Sassi erlaubt, sowohl den herben Reiz der tiefen *Gravina als auch die Sassi kennen zu lernen. Fast nur aus Höhlenwohnungen besteht der **Sasso Caveoso, im *Sasso Baresano gibt es auch ganz oder teilweise aufgemauerte Häuser. Zu den schönsten der über 300 Höhlenkirchen gehören die dreischiffige *Madonna delle Virtù, über der die zweischiffige griechische *San Niccolò dei Greci liegt, *Santa Lucia alle Malve mit Votivfresken, die Kirche *Madonna dell'Idris auf dem hohen Felsvorsprung sowie der beeindruckende Grottenkomplex *Convicino Sant'Antonio Abate (Öffnungszeiten für alle Kirchen: tgl. 10–12.30, 16–18.30 Uhr). Sie liegen alle an der Panoramastraße oder sind von dort leicht erreichbar. Unterhalb von Santa Lucia alle Malve gibt die original eingerichtete Grotte eine Vorstellung davon, wie die Menschen hier früher gelebt haben (Öffnungszeiten: tgl. 10.30–13.30, 15.30 bis 19.30 Uhr, im Winter kürzer).

5
Seite 78

*Matera

Matera (55 000 Einw.) ist nicht nur die Stadt der Sassi, sondern hat auch ein lebhaftes Zentrum. Mitten in der Altstadt steht der ***Dom** aus dem 13. Jh., der die typischen Formen der apulischen Romanik aufweist. Im festlichen hellen Innenraum harmoniert die überreiche Barockdekoration mit der mittelalterlichen Architektur. Das schöne *Chorgestühl von 1451/1453 zählt zu den ältesten seiner Art.

Im archäologischen ***Museo Nazionale Domenico Ridola** kann man beim Anblick der wunderschönen *apulischen Keramik ins Schwärmen geraten (Öffnungszeiten: tgl. 9–20 Uhr).

APT, Via De Viti De Marco 9, 75100 Matera, Tel. 08 35 3 19 83, Fax 08 35 33 34 52.

▮ **Circolo La Scaletta,** Via Sette Dolori 10, Tel. 08 35 33 67 26. Der Kulturverein führt durch die Grottenkirchen Madonna delle Virtù und San Niccolò dei Greci.

▮ Begleitete Touren durch die Sassi bietet **Nuovi Amici dei Sassi** an, Piazza del Sedile 20. Tel. 08 35 33 34 20, 08 35 33 10 11, Fax 08 35 33 10 11.

▮ Durch den Parco delle Chiese Rupestre (»Naturpark der Höhlenkirchen«) an der SS 7 Richtung Laterza führen Mitglieder der **Lega Ambiente,** Palazzo Bronzini-Padula, Via Duomo 12, Tel. 08 35 33 47 46, Fax 08 35 33 25 03.

Italia, Via Ridola 5, Tel. 08 35 33 35 61,

Fax 08 35 33 00 87. Gepflegtes Hotel, in der Nähe des Museo Nazionale gelegen. ○○○

Il Terrazzino, Vico San Giuseppe 7, Tel. 08 35 33 25 03. Regionale Küche mit Blick auf die Sassi. Di Ruhetag. ○○

Altamura

Die Fahrt führt hinauf auf die höchste Stufe der Murge nach Altamura (58 000 Einw.). Die Peuketier hinterließen mit ihrer noch gut erkennbaren *Mauer aus dem 5. Jh. v. Chr. das bedeutendste Zeugnis aus der frühen Geschichte der Stadt. Nach seiner Zerstörung durch die Sarazenen gründete Friedrich II. den Ort neu und legte 1232 den Grundstein zur **Kathedrale.** Sie wurde mehrfach umgebaut und bis ins 19. Jh. hinein verändert. Ältester Teil der hohen Hauptfassade ist die großartige Rosette. Darunter öffnet sich eines der schönsten spätgotischen **Portale Apuliens. Der dreischiffige Innenraum verlor trotz der spätbarocken Dekoration nichts von seiner Harmonie.

Das Portal des Doms von Altamura wird streng bewacht

Tipp Am Corso Federico II probiert man im **Ronchi-Striccoli,** dem ältesten Café der Stadt, den gebrannten *Padre Peppe,* einen Nussschnaps, oder hausgemachte Limonade.

Geht man rechts in die malerischen Altstadtgassen hinein, stößt man auf die typischen *claustri,* Innenhöfe mit meist nur einem Zugang, in denen sich das Leben der ganzen Nachbarschaft

5

Seite 78

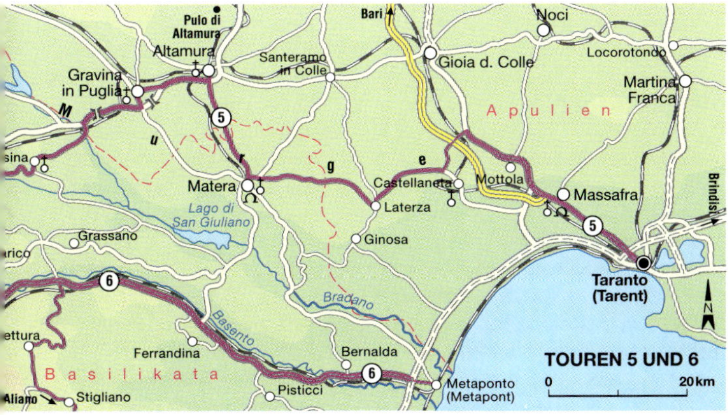

früher wie heute abspielt. Zum Abschluss wartet ein peuketischer Krieger mit seinen Grabbeigaben im neuen, didaktisch sehr gut aufgebauten **Archäologischen Museum** (Öffnungszeiten: tgl. 9–12.30, 15–19 Uhr).

Der **Pulo von Altamura,** eine der größten Karstmulden Apuliens (Tiefe 90 m, Durchmesser 500 m) beeindruckt aufgrund der großartigen kargen Landschaft (an der SS 96 Richtung Bari links über die Bahngleise abbiegen und dann der asphaltierten Straße folgen, 7 km).

Piazza della Repubblica 11, 70022 Altamura, Tel. 08 03 14 39 30.

San Nicola, Via De Samuele Cagnazzi 29, Tel. 08 03 10 51 99, Fax 08 03 14 47 52. Luxushotel mitten in der Altstadt. ○○○

Svevia, Via Matera 2/A, Tel. 08 03 11 17 42, Fax 08 03 11 26 77. Modern ausgestattetes Hotel inmitten eines Pinienwaldes; charakteristische, gute apulische Küche. ○○

5

Seite 78

Tipp Der hervorragende Weinkeller **Corso** (Corso Federico II 76) serviert die traditionelle Küche der Murge; es werden auch moderne Kreationen angeboten. ○○○

Gravina in Puglia

Durch die Hügellandschaft fährt man nach Gravina in Puglia (39 000 Einw.) an einer spektakulären *Gravina. Auch die im 15. Jh. im Renaissancestil erneuerte ***Kathedrale** ragt jäh über dem Abgrund empor. Das ***Museo Pomarici** zeigt archäologische Funde und byzantinisch beeinflusste Fresken (Öffnungszeiten: Mo–Fr 9.30–12.30, 16–18, So und feiertags 9.30 bis

Natürlich liegt Gravina in Puglia an einer mächtigen Gravina

12.30 Uhr; im Museum erhält man auch Infos zu den übrigen Sehenswürdigkeiten; Tel. 08 03 25 10 21).

Osteria, Piazza Pellicciari 4. Sehr gute Auswahl an Antipasti, originelle Nudelgerichte wie *cavatelli* mit Bohnen und Muscheln, dazu mundet beispielsweise der typische Verdeca-Wein. ○○

Potenza

Hinter Irsina blickt **Acerenza** mit einer mächtigen gotischen *Kathedrale vom Hügel herab. Die Route endet in **Potenza** (66 000 Einw.), der modernen Hauptstadt der Region Basilikata. Beim Erdbeben 1980 wurde ein weiterer Teil der Altstadt zerstört, sodass eigentlich nur noch die Flaniermeile Via Pretoria und die an der Piazza Pagano liegende Kirche San Francesco den Besuch lohnen. Das vorzüglich ausgestattete *Archäologische Museum wurde 1998 wieder eröffnet (Öffnungszeiten: Di–So 9–13, Di/Do auch 16–19 Uhr).

APT, Via Cavour 15, 85100 Potenza, Tel. 09 71 41 18 39, Fax 0 97 13 61 96; Informationsbüro: Via Alianelli 4, Tel. 0 97 12 18 12.

Tour 6

Die unbekannte Basilikata

Potenza → Lagopesole → Rionero in Vulture → Melfi → **Venosa → Metaponto (300 km)

Seit dem 10. Jh. wird das Gebiet der Lukaner als Basilikata bezeichnet, denn der Bischof der Basilika von Acerenza beherrschte den größten Teil dieser landschaftlich reizvollen Region. Sie besteht heute aus zwei Provinzen, Matera, das bis 1663 zu Apulien gehörte und dessen Sprache und Kunst deshalb den Einfluss der Adriaregion spüren lassen, und der Provinz Potenza. Sie orientierte sich immer mehr nach Kampanien und Neapel. Die Basilikata ist eine Transitregion, die von allen Seiten etwas aufnahm, aber durchaus wert ist, für sich entdeckt zu werden.

Mit wundervollen Ausblicken führt diese Tour, für die man sich einen Tag Zeit nehmen sollte, durch eine Hügellandschaft bis zum erloschenen Vulkan Monte Vulture. Mächtige Burgen, römische Ausgrabungen und interessante Kirchenbauten warten entlang der Strecke. Sie bietet außerdem reichlich Gelegenheit, die gute lukanische Küche, die für ihre Würste bekannt ist, und den dazu passenden Aglianico-Wein kennen zu lernen.

Lagopesole

Man verlässt Potenza (s. S. 80) Richtung Norden auf der Schnellstraße SS 93 oder auf einer der Landstraßen,

Manche sehen in dem Kopf am Wohnturm des Kastells Lagopesole Friedrich I. Barbarossa

die hügelauf, hügelab durch grünes Land führen. Majestätisch taucht schließlich das ***Kastell** von Lagopesole am Horizont auf. An der riesigen Burganlage hatten bereits die Normannen und Friedrich II. gebaut, doch wurde sie erst unter Karl I. von Anjou vollendet. Der Komplex gruppiert sich um zwei Höfe. Der kleinere, dessen Bauten bis auf den Wohnturm von den Normannen errichtet wurden, ist der ältere. Rund um den größeren Hof liegen die staufischen bzw. angevinischen Gebäude. Zwei Köpfe über dem Portal des Wohnturms stellen einer Legende nach Friedrich I. Barbarossa und seine Gattin Beatrix von Burgund dar. Der herrliche Rundblick über das weite Land zeugt noch heute von der günstigen strategischen Lage der Burg (Öffnungszeiten: Sommer tgl. 9.30–12.30, 16–19 Uhr, Winter tgl. 9.30 bis 12.30, 15–17 Uhr).

In **Scalera** (wenige Kilometer nördlich von Lagopesole) gibt es hervorragende Käsespezialitäten. Die **Cooperativa Piano della Spina** verwendet keine Konservierungs- und Zusatzstoffe.

Über dem Atella-Tal erhebt sich der erloschene Vulkan ***Monte Vulture** mit

6
Seite 78

Weithin sichtbar beherrscht der Monte Vulture die Landschaft

seinen zwei Gipfeln, dem Vulture selbst (1326 m) und dem Pizzuto di San Michele (1262 m). Während zu Füßen des Berges ein hervorragender Rotwein, der *Aglianico,* gedeiht, bedeckt ein dichter Laubwald die Hänge. Der Vulture ist ein Paradies für Wanderer und eines der landschaftlich schönsten Gebiete der Basilikata.

Rionero in Vulture

In dem Weinbauort (13 000 Einw.) war der berühmteste Brigant der Gegend, Carmine Crocco, zu Hause. Ein anderer bekannter Sohn der Stadt, Giustino Fortunato (1841–1932), beschäftigte sich als erster italienischer Historiker mit der *questione meridionale,* den Ursachen für die rückständige Entwicklung im Mezzogiorno.

Bei **Armando Martino** in Rionero bekommt man den exzellenten roten *Aglianico,* aber auch den fruchtigen Rosé *Donna Lidia.*

Von Rionero führt eine aussichtsreiche Straße direkt auf den Vulture, das Panorama reicht an klaren Tagen bis zum Tavoliere. Eine andere Route verläuft südlich des Gipfels zu den grünlich im Sonnenlicht glitzernden ***Laghi di Monticchio.** Die Seen füllen ehemalige Krater des Vulkans und liegen mitten in dichtem Laubwald. Sehenswert ist die im 18. Jh. erneuerte ***Abteikirche San Michele.**

Der Esel als Lasttier gehört immer noch zum Ortsbild

6

Seite 78

Melfi

Bei der Weiterfahrt entlang der Westflanke des Berges kommt man an der Abfüllstelle des bekannten Mineralwassers Gaudianello vorbei. Mit großartigem Ausblick geht es hinunter nach Melfi. Überragt von einem mächtigen Kastell, erstreckt sich das Städtchen auf einem Vulkanhügel. Im 11. Jh. eroberten zwölf normannische Grafen das byzantinische Melfi und erkoren es zur vorläufigen Hauptstadt und zum Ausgangspunkt der weiteren Eroberung Apuliens. 1089 rief hier Papst Urban II. erstmals zu einem Kreuzzug auf. Friedrich II. erließ 1231 seine Konstitutionen von Melfi, die erste Gesetzessammlung seit Kaiser Justinian. Heute zählen die Fiatwerke zu den seltenen Beispielen einer gelungenen Industrieansiedlung im Süden.

Bräunliche niedrige Häuser schmiegen sich an den Hügel, der von dem schlanken *Campanile des normannischen **Doms** dominiert wird. Er ist eines der wenigen Bauwerke, die die verheerenden Erdbeben im Vulturegebiet von 1851 und 1930 überstanden haben. Der viereckige, 49 m hohe Turm stammt aus der ersten Bauzeit der Kathedrale um die Mitte des 12. Jhs. Später wurden die aufwändige Barockfassade und die Kassettendecke im Innenraum hinzugefügt. Majestätisch gibt sich das ursprünglich normannische, bis ins 18. Jh. ständig umgebaute ***Kastell** oberhalb der Stadt. Acht Türme verstärken den Mauerring, der einen palastartigen Innenbau umschließt. Er beherbergt heute u. a. das sehenswerte **Museo Archeologico Nazionale.** Aus der Menge der ausgestellten Funde sticht ein eindrucksvoller, in Kleinasien gearbeiteter **Sarkophag (2. Jh.) mit der Liegefigur einer unbekannten Verstorbenen heraus (Öffnungszeiten: tgl. 9–19 Uhr).

i **Pro Loco,** Piazza Umberto I 14, 85025 Melfi, Tel./Fax 09 72 23 97 51.

Castagneto, an der SS 401, km 3; Tel. 09 72 23 64 87, Fax 0 97 22 43 63. Unterkunft mit schöner Aussicht, auf dem Land. ❍

Federico II, San Nicolà di Melfi, Zona Industriale, Tel. 0 97 27 81 71. Empfehlenswerte regionaltypische Küche. ❍–❍❍

▮ **Vaddone,** Contrada S. Abruzzese, Tel. 0 97 22 43 23. Einfache gute Hausmannskost, die man im Sommer im Freien genießt. Mo nur mittags. ❍❍

**Venosa

Über Rapolla geht es weiter nach Venosa (12 000 Einw.), ein wahres Kleinod in einer ausgedehnten Ebene mit Getreidefeldern am Rand des gleichnamigen Flüsschens. Frühgeschichtliche Funde aus dieser Gegend bestücken heute Museen in ganz Italien. Anfang des 3. Jhs. v. Chr. eroberten die Römer Venusia, das dank seiner günstigen Lage an der Via Appia rasch aufblühte. Die Stadt, in der 65 v. Chr. der Dichter Horaz geboren wurde, erhielt ein Amphitheater und Thermen. 1041 als einer der ersten Orte von den Normannen erobert, fiel Venosa allmählich auf den Rang eines Agrarstädtchens zurück.

Kulissenhaft öffnet sich das Halbrund der Piazza Umberto I mit ihren einladenden Bars und Cafés unter den Arkaden. Herzog Pirro del Balzo Orsini ließ 1470 jenseits des breiten Grabens die Kathedrale abreißen, um Platz für sein ***Kastell** zu schaffen. Es beherbergt das Museo Archeologico Nazionale mit den am Ort verbliebenen Funden sowie einem Lapidarium mit lateinischen und hebräischen Inschriftenstelen. Seit der Spätantike besaß Venosa nämlich eine große jüdische Kolonie (Öffnungszeiten: tgl. 9–19 Uhr, Juni–Sept. Sa bis 23 Uhr).

Einst reihten sich die Häuser entlang der Via Appia, heute führt der Corso Vittorio Emanuele II durch die Altstadt zur neuen Kathedrale. Nach der Zerstörung des alten Doms, ließ Herzog Pirro mit dem Bau einer neuen **Bischofskirche** beginnen. Das weite Mittelschiff und der große Bogen, der den Chor unterteilt, bilden ungewöhnliche architektonische Lösungen. Man folgt dem Corso und der Beschilderung **Casa di Orazio** zu den Grundmauern eines römischen Hauses, bei dem es sich angeblich um das Geburtshaus des Dichters Horaz handeln soll.

In der »archäologischen Zone« sind die Reste der römischen Thermen, des Amphitheaters, eines Baptisteriums

6

Seite 78

aus dem 5. Jh. und das bedeutendste Bauwerk Venosas zu sehen: die kurz nach 1059 unter Herzog Robert Guiscard geweihte Abteikirche ****Santa Trinità.** *Fresken mildern die romanische Strenge der Grablege der Familie Hauteville – des späteren normannischen Königshauses.

Unter dieser Kirche kamen bei Grabungen eine frühchristliche Basilika mit wunderschönen *Mosaikböden und eine Krypta zu Tage. Um 1100 begannen die Mönche dieses ältesten normannischen Klosters in Süditalien den Erweiterungsbau, der sich jedoch als zu groß erwies. Der als riesige dreischiffige Basilika mit Querhaus und Chorumgang geplante Kirchenbau musste um die Mitte des 12. Jhs. eingestellt werden. Die Säulen ragen ins Leere empor, nur der Himmel überdacht die noch erhaltenen bröckelnden Außenmauern (Öffnungszeiten: Grabungsgelände: tgl. 9 Uhr bis 1 Std. vor Sonnenuntergang; Kirche: tgl. vormittags zur Messe und in der Regel 15–18 Uhr).

i **Coop. Il Vulture**, Piazza Municipio 7, 85029 Venosa, Tel./Fax 0 97 23 65 42.
Führungen durch Venosa und das Vulturegebiet werden, auch auf Deutsch, organisiert.

Briganten

Tollkühn und abenteuerlustig, mit feurigem Blick, wildem Bart und in einen weiten Mantel gehüllt – so hätte man sie gerne, die süditalienischen Briganten des 19. Jhs. Doch der Realität entspricht dieses romantische Klischee leider nicht so ganz. Die meisten Männer *und* Frauen schlossen sich nämlich nicht freiwillig den Räuberbanden an, sondern schlicht um der ärgsten materiellen Not zu entgehen. Eine völlig fehlgeschlagene Bodenreform unter der französischen Besatzung 1806 führte letztendlich zu einer Vergrößerung der Latifundien und nicht zu einer gerechteren Landverteilung. Die anhaltende Armut der Bauern, drakonische Strafen für schon kleinste Vergehen und die neuen Steuern nach der italienischen Einigung 1860 zwangen viele Menschen, den Weg in die Illegalität zu gehen. Charismatische Anführer wie Ninco Nanco aus Avigliano oder Carmine Crocco (1829–1905) aus Rionero in Vulture versammelten zeitweilig bis zu 2500 Leute um sich. Raubend und plündernd zogen sie von Apulien bis Kampanien. Ihre Rückzugsgebiete lagen in den damals noch ausgedehnten Wäldern im Herzen der Basilikata. Nach 1860 unterstützten adelige Landbesitzer die Briganten, um mit ihrer Hilfe das neapolitanische Königreich – und damit ihre Privilegien – wieder erstehen zu lassen. Ein massives Armeeaufgebot des neuen italienischen Staates konnte den von beiden Seiten schonungslos geführten Krieg, bei dem über 5000 Briganten standrechtlich erschossen wurden, 1865 beenden.

Der 1947 in Melfi geborene Schriftsteller Raffaelle Nigro beschreibt das Brigantentum in seinem Familienepos »I fuochi del Basento« (»Die Feuer am Basento«) auf eindrucksvolle Weise.

6
Seite 78

Nach Pietrapertosa und Castelmezzano

Über das von Albanern im 15. Jh. besiedelte Maschito – man hört dort noch heute einen albanischen Dialekt – führt die Strecke durch einsame Täler hügelauf, hügelab. Von Acerenza (s. S. 80) aus scheint man die ganze Region übersehen zu können. Wer es kurven- und aussichtsreich liebt, fährt über zwei knapp 1000 m hohe Pässe weiter nach Vaglio Basilicata, sonst auf der SS 93 über Potenza. Die Schnellstraße im Tal des Basento wechselt immer wieder die Flussseite; alte Ortschaften blicken von den Hügeln herunter.

In die so genannten *Lukanischen Dolomiten geht es kurvenreich auf gut 1000 m hinauf nach **Pietrapertosa.** Die höchstgelegene Ortschaft der Basilikata scheint eins mit dem Stein geworden zu sein. Steil ragen die kahlen Felsformationen in den Himmel. Die wilde Landschaft mit tiefen Schluchten und schwer erreichbaren Gipfeln ist nicht minder bizarr als die der norditalienischen Dolomiten.

Ein ähnlich beeindruckendes Naturerlebnis bietet das benachbarte **Castelmezzano.** Die Häuser ducken sich unter den nackten Felswänden – ein beliebtes Ausflugsziel für Wanderer und Spaziergänger.

Dolomiti, Via Volini 19, 85010 Castelmezzano, Tel. 09 71 98 60 75, Fax 09 71 98 62 04. Der Anblick erinnert an eine Alpenhütte. Man speist rustikal, es gibt aber gute regionale Küche. ❍

Il Frantoio, Via Torraca 15, 85010 Pietrapertosa, Tel./Fax 09 71 98 31 90. Empfehlenswertes Hotel mit guter Hausmannskost. ❍

Den Fels im Rücken: Castelmezzano

Al Becco della Civetta, Vicolo I Maglietta 7, Castelmezzano. Ausgezeichnete frische Produkte verarbeitet Antonietta zu wohl schmeckenden Speisen. Unbedingt die hausgemachten *salsiccie e soppressate* versuchen! ❍❍❍

Tipp Wer noch ein wenig auf den Spuren Carlo Levis (s. S. 76) wandeln möchte, fährt durch eine großartige Landschaft mit vielen Kurven über Stigliano in das südlich des Sauro gelegene **Aliano.** Der Verbannungsort Levis scheint sich seitdem kaum verändert zu haben. Zu Ehren des Schriftstellers ist in der Via Collina ein historisches Museum eingerichtet worden (Öffnungszeiten: Sommer tgl. 10–12.30, 16–18 Uhr, Winter tgl. 10.30 bis 12, 15–17 Uhr).

Nach dieser so ungewöhnlich herben Natur wartet die Küste in Metaponto (s. S. 86) mit einer freundlichen Ebene, feinem Sandstrand und dem blauen Meer auf.

6
Seite 78

Tour 7

Baden in der Magna Graecia

Metaponto → Policoro → Sibari → *Rossano → Crotone → *Gerace → Reggio di Calabria (600 km)

An der kalabresischen Küste führen viele Orte ein Doppelleben: Der alte Teil liegt im Gebirge in sicherem Abstand zu der früher von Piraten heimgesuchten Küste und den malariaverseuchten Sümpfen. Die Nachfolgesiedlungen erstrecken sich verkehrstechnisch günstig am Meer.

Während die Bergnester meist noch ihren rauen, ursprünglicheren Charme besitzen, glänzen die Badeorte mit den klangvollen Attributen wie Marina oder Lido vor allem durch ihre Bausünden. Traumhafte Sandstrände, die selbst im August noch nicht überfüllt sind, weitläufige Ausgrabungen aus der Blütezeit der griechischen Stadtstaaten und Museen mit hochinteressanten Sammlungen entschädigen jedoch für vieles. Sarazenentürme begleiten Reisende durch eine baumlose, duftende, heiße und sehr mediterrane Landschaft. (2–3 Tage.)

7

Seite 93

Metaponto

Ausgangspunkt der Tour ist das zwischen den Mündungen des Bradano und des Basento gelegene Metaponto (12 000 Einw.). Um 690 v. Chr. gründeten die Bewohner von Sybaris die Kolonie Metapontion, die sich rasch zu einem der mächtigsten Stadtstaaten in Süditalien entwickelte. Sein Reichtum beruhte auf dem Getreideanbau in der fruchtbaren Ebene, wovon noch die Gerstenähre auf den hier geprägten Münzen zeugt. Der Niedergang von Metapont begann schon in der Spätantike; im 17. Jh. verließen die letzten Einwohner die malariaverseuchte Gegend. Erst nach Trockenlegung der Sümpfe im 20. Jh. kehrten sie zurück. Direkt an der SS 106, am rechten Ufer des Bradano, stehen stolz die letzten 15 Säulen eines ****dorischen Tempels** aus dem späten 6. Jh. v. Chr.

Die stolzen Säulen des dorischen Tempels in Metaponto

Zwischen 510 v. Chr. und seinem Tod im Jahr 496 lebte der Philosoph, Naturwissenschaftler, Mathematiker und Politiker Pythagoras in Metapontion. Er war vor der Tyrannei des Polykrates aus seiner Heimat Samos zuerst nach Kroton geflohen, begab sich dann aus politischen Gründen hierher und rief eine 200 Jahre bestehende Philosophenschule ins Leben.

Im modernen Metaponto (Bernalda, Borgo Metaponto) liegt das ***Museo Archeologico Nazionale.** In dem architektonisch gelungenen Gebäude sind interessante Funde aus den Nekropolen und Heiligtümern der Stadt zu sehen (Öffnungszeiten: tgl. 9 bis 20 Uhr, Juni–Sept. Sa bis 23 Uhr). Der ***Parco Archeologico** ist ein weitläufiges Grabungsgelände, auf dem sich einst ein heiliger Bezirk, ein Temenos, mit mehreren Tempeln erstreckte. Der Blick fällt auf die mächtigen dorischen ***Kapitelle** des Apollotempels, der um 550 v. Chr. als einer der ersten Steinbauten in der Magna Graecia errichtet wurde (Öffnungszeiten: tgl. 9 Uhr bis 1 Std. vor Sonnenuntergang; sehr gute deutsche Beschriftung).

Über die Eisenbahngleise hinweg führt eine schnurgerade Straße zum **Lido di Metaponto.** Ein feiner, breiter Sandstrand, die neu angelegte Promenade, Bars und Restaurants, kleine Villen im Grünen: ein schöner Platz für erholsame Urlaubstage am Meer.

Turismo, Viale delle Ninfe 5, Tel./Fax 08 35 74 19 18. Am Meer gelegen, für einen Badeurlaub ideal; April–Sept. geöffnet. ○○

Policoro

Von Metaponto geht es nach Süden bis Policoro (14 500 Einw.), das in der Nähe der griechischen Städte Heraclea und Siris neu entstand. Siris wurde in einer gemeinsamen Aktion von Metapontion, Sybaris und Kroton im 6. Jh. v. Chr. zerstört. Heraclea gründeten die Einwohner von Tarent und Thuri erst 433 v. Chr., um der völligen Beherrschung der Küstenebene durch Metapontion Grenzen zu setzen.

In der Altstadt sind im didaktisch gut aufbereiteten ****Museo Nazionale della Siritide** (Öffnungszeiten: tgl. 9 bis 19 Uhr, Sommer Sa bis 23 Uhr) Funde aus den beiden Griechenstädten und dem Umland zu sehen. Paradestücke sind Grabbeigaben der Eisenzeit, feiner Bronzeschmuck, Waffen und Spielzeug. Kleine *Pferdchen auf Rädern stammen aus dem 8. Jh. v. Chr. Der so genannte Policoro-Maler verstand seine Kunst wirklich – seine Vasen sind exemplarisch. Am eindrucksvollsten sind die Keramiken des 8./7. Jhs. v. Chr. mit geometrischen Mustern.

Hinter dem Museum erstrecken sich auf einer flachen Anhöhe die Ausgrabungen von **Heraclea.** Von Policoro aus führt eine Stichstraße zum gleichnamigen **Lido.** Der breite Sandstrand liegt vor einem Pinienhain und ist ein angenehmer Badeplatz.

Heraclea, Via del Lido, 75025 Lido di Policoro, km 5, Tel. 08 35 91 01 44, Fax 08 35 91 01 47. Modernes Hotel, nur 200 m zum Strand. ○○

Über Nova Siri nach Sibari

Jenseits des Flusses Sinni erreicht man mit **Nova Siri** die Region Kalabrien. Nun rücken die Hügel bis ans Meer vor, Pinien und Olivenhaine säumen die Straße. Das enorme ***Kastell** von **Rocca Imperiale** scheint den kleinen weißen Ort auf dem Hügel fast zu erdrücken (Öffnungszeiten: im Sommer bei der städtischen Polizei, den *vigili urbani*, erfragen). Immer wieder überquert man als *fiumare* bezeichnete ausgetrocknete Flüsse, die nur nach starken Regenfällen Wasser führen. Sie bringen einen ungewohnten Reiz in diese Landschaft, die herrliche Sandstrände vor Pinienhainen, blaues Meer und ein weiter Ausblick auf die kalabresische Küste charakterisieren. Fotogen präsentiert sich auf einem kleinen Felsvorsprung das frisch restaurierte ***Kastell** von **Roseto Capo Spulico** (Öffnungszeiten: Sommer tgl. 10–13, 17–20 Uhr, im Winter kürzer).

Autobahn A 3 Neapel–Reggio di Calabria, Infopunkt an der

7
Seite 93

Raststätte Frascineto Ovest (bei Castrovillari), Tel./Fax 0 98 13 27 10.

La Trappola, Via la Strada 6, Marina di Nova Siri, Tel. 08 35 87 70 21. Lukanische Regionalküche, sehr gute Fischgerichte. Nebensaison Mo Ruhetag. ○–○○

Sibari (18 500 Einw.) liegt in einer fruchtbaren Ebene an der Mündung des Crati. Der Ort geht auf eine uralte Griechenstadt zurück. Richtung Meer ist das 1996 eröffnete und noch nicht vollständig eingerichtete **Museo della Sibaritide** zu finden (Öffnungszeiten: tgl. 9–12.30, 14–19 Uhr). Die Keramiken des 17.–14. Jhs. v. Chr. belegen die engen Kontakte zum ägäischen Raum (Kreta, Mykene). Architekturfragmente der Eisenzeit, Goldschmuck, Miniaturvasen und verzierte Webstuhlgewichte des 9./8. Jhs. v. Chr. bezeugen das kulturelle Niveau der einheimischen Bevölkerung.

Vom Museum aus erreicht man den geschmackvoll angelegten Ferienkomplex an den **Laghi di Sibari** mit Jachthafen und Shuttle-Boot zum weiten Sandstrand.

Wer weiter in die Vergangenheit von Sybaris eintauchen möchte, kann dies auf dem landeinwärts liegenden **Grabungsgelände Sybaris-Copia** tun. Die 720 v. Chr. gegründete griechische Kolonie Sybaris kontrollierte ein weites Hinterland und war ausgesprochen wohlhabend. 510 v. Chr. wurde sie von den Bewohnern Krotons, des heutigen Crotone, zerstört. Mehrere Wiederbesiedlungsversuche schlugen fehl, bis Athen, das bisher noch keine Kolonien in der Magna Graecia besaß, 444 v. Chr. die Stadt Thuri gründete. Ihr folgte 194 v. Chr. das römische Copia. Hauptsächlich von dieser dritten Stadt an gleicher Stelle stammen die heute zu sehenden Ruinen, so das Theater und die Thermen. Besonders eindrucksvoll sind die römischen, 13 m breiten Straßen, die direkt auf den hohen Berg Sellaro zu führen scheinen. Aus Flusssteinen errichtete Häuser gehen in die Zeit des griechischen Thuri zurück (Öffnungszeiten: tgl. 9 Uhr bis 2 Std. vor Sonnenuntergang; deutsche Beschriftungen).

7
Seite 93

*Rossano

Rossano (34 000 Einw.) erlebte seine Blütezeit im 8.–11. Jh. unter den Byzantinern. Das Zentrum der Altstadt bildet die Piazza Santi Anargiri mit dem Rathaus. Die **Kathedrale** stammt aus der Anjouzeit. Hier wird die *Madonna Achiropita verehrt, eine byzantinische Ikone aus dem 8. Jh. Erst kürzlich wurden im Chor Mosaiken entdeckt. Prunkstück des benachbarten **Museo Diocesano di Arte Sacra** ist der spätantike *Codex Purpureus Rossanensis. Er enthält Texte aus zwei Evangelien in griechischer Sprache, die mit wunderschönen Miniaturen illuminiert sind (Öffnungszeiten: Sommer tgl. 9–13.30, 16–20.30 Uhr, Winter Di bis Sa 9.30–12.30, 16–19, So und feiertags 10–12, 16.30–18.30 Uhr).

Einer der bedeutendsten Sakralbauten aus der normannischen Epoche Kalabriens ist ****Santa Maria del Patire** bei Rossano. Von dem 1101 gegründeten Kloster blieb nur die dreischiffige Kirche mit drei außen farbig gegliederten Apsiden erhalten. Der mehrfach umgestaltete Innenraum besitzt noch einen Mosaikfußboden aus dem 12. Jh.

Rossano ist bekannt für seine Lakritzherstellung. Im Geschäft der Firma **Amarelli,** Rossano Scalo an der SS 106, sieht man erst, wie viele Sorten existieren!

Coop. Neilos, Piazza Duomo 25, 87067 Rossano, Tel./Fax 09 83 52 52 63.

Murano, Viale Mediterraneo 2, Tel. 09 83 51 17 88, Fax 09 83 53 00 88. Netter Familienbetrieb in Lido Sant'Angelo am Meer, gute kalabresische Küche. ○○

Tipp Wer Lust auf ein Glas Wein verspürt, ist in **Cirò** genau richtig. Die Spitzenkellerei **Librandi** (an der SS 106) verkauft neben dem klassischen *Cirò DOC* gelungene Experimente mit der Chardonnay-Rebe, etwa den eleganten weißen *Critone*. Weitere Kellereien findet man in Cirò Marina. Der weiter südlich gekelterte *Melissa* steht dem von Cirò in nichts nach.

L'Aquila d'Oro, Via Sant'Elia. Oben am Berg bei Cirò isst man typisch kalabresisch. ○○

Abstecher nach *Santa Severina

Ein Abstecher ins Hinterland führt hinauf in die wilde Landschaft um Santa Severina. In dem ruhigen Städtchen liegen alle Sehenswürdigkeiten rund um den Hauptplatz oder gleich nebenan: die kleine byzantinische Kirche ***Santa Filomena,** die barocke Kathedrale mit dem byzantinischen ***Baptisterium** und das mächtige Kastell. Der Wein des Neto-Tals, das man von

Magna Graecia

Seit dem 2. Jt. v. Chr. betrieben Griechen Handel an den Küsten Unteritaliens, doch erst um 760/750 v. Chr. gründeten sie auf der Insel Ischia im Golf von Neapel ihre erste Kolonie auf italienischem Boden. Gründe für diesen Schritt waren u. a. Überbevölkerung und soziale Spannungen in den heimatlichen Stadtstaaten und die wachsende Konkurrenz der aus dem Norden (Toskana, Latium) vordringenden Etrusker. Innerhalb nur weniger Jahrzehnte entstanden einige teilweise noch heute bedeutende Städte: 720 v. Chr. Sybaris (Sibari), 715 v. Chr. Rhegion (Reggio di Calabria), 708 v. Chr. Kroton (Crotone), 706 v. Chr. Taras (Taranto), 673 v. Chr. Lokri (Locri). Mit der Gründung von Tochterstädten sicherten die Kolonien ihre jeweilige Einflusssphäre und ihre Handelswege. Doch wie ihre Heimatorte in Griechenland bekriegten sich auch die unteritalienischen Städte. Zweimal wurden dabei Kolonien vollständig zerstört: 540–538 v. Chr. Siris und 510 v. Chr. die reichste von allen, Sybaris.
Die ständigen Auseinandersetzungen untereinander ließen die Griechen die Gefahr durch die erstarkten einheimischen Lukaner und Bruttier zu spät erkennen. Auch die Tyrannen von Sizilien versuchten immer wieder, auf dem Festland Fuß zu fassen. Ab dem 4. Jh. schlugen die Kolonien nur noch Abwehrschlachten. Die nun einsetzende Solidarität im Kampf gegen die einheimische Bedrohung führte zu einer Allianz mit Rom, das sich jedoch nach der Unterwerfung der Lukaner gegen die griechischen Kolonien wandte. Der Fall Taras (Taranto) 272 v. Chr. läutete das Ende der Epoche Großgriechenlands, der Magna Graecia, in Süditalien ein.

7
Seite 93

Santa Severina aus prächtig überblickt, zählt zu den besten Kalabriens.

Tipp In Corazzo, ca. 10 km südöstlich (1 km von der SS 107), hat die Winzergenossenschaft **Cantina sociale Val di Neto** ihren Sitz.

Crotone

Crotone (59 000 Einw.) wurde 1993 zur Provinzhauptstadt erhoben. Die 710 v. Chr. gegründete Kolonie Kroton war eine der reichsten und mächtigsten griechischen Stadtstaaten. Berühmtheit erlangte sie in der Antike durch ihre in Olympia siegreichen Athleten und die legendäre Schönheit ihrer Frauen! Nach dem Sieg der Römer über die Karthager stationierten diese 194 v. Chr. Truppen in Kroton und degradierten die Stadt zur römischen Kolonie. Damit begann eine Periode der Stagnation, die bis ins 20. Jh. andauerte. Heute ist Crotone die wichtigste Industriestadt Kalabriens und der einzige wirtschaftlich bedeutende Hafen der Region am Ionischen Meer. Interessanteste Sehenswürdigkeit ist das ***Museo Archeologico** (Via Risorgimento; Öffnungszeiten: tgl. 9–20 Uhr, 1. und 3. Mo im Monat geschl.).

Als touristische Alternative bieten sich das mächtige **Kastell** an, das die Spanier im 16. Jh. zur Sicherung der Küste gegen die Türken errichteten, und der etwa zeitgleich entstandene **Dom** in dem anmutigen Stadtzentrum.

7

Seite 93

APT, Via Torino 148, 88047 Crotone, Tel. 0 96 22 31 85, Fax 0 96 22 67 00.

Gerardo Sacco, Via Vittorio Veneto 33. Bei den orientalisch anmutenden Goldkreationen gerät man ins Schwärmen.

Über Stilo nach Locri

Malerisch ragen entlang der Küste immer wieder Landzungen ins Meer. Am Capo Colonna wacht eine dorische Säule am Meer, die äußerste Landspitze des Capo Rizzuto nimmt ein Leuchtturm ein, und auch die malerische Burg von Le Castella liegt direkt am Meer. Die gute Wasserqualität bis kurz vor Catanzaro Marina und wieder ab Copanello, das mit Soverato zu den schönsten Seebädern zählt, zieht Schwimmer und Schnorchler an.

Von Monasterace Marina fährt man hinauf nach **Stilo** zu einem der eigenwilligsten Kirchenbauten Kalabriens. Fünf Kuppeln über der im 10./11. Jh. errichteten ****Cattolica** bilden im Abendland einen ungewöhnlichen Blickfang. In der hervorragend erhaltenen byzantinischen Kirche fühlt man sich nach Kleinasien versetzt. Der Innenraum, der über quadratischem Grundriss die Form des griechischen Kreuzes betont, birgt Fresken der Erbauungszeit.

Tipp **Roccella Ionica** überrascht mit seinen pittoresken Burgruinen und dem besten **Jazzfestival** Süditaliens (Mitte/Ende August).

In der Antike konkurrierte die im Jahr 673 v. Chr. gegründete griechische Kolonie **Lokri** mit ihrer Nachbarin Kroton, der sie im 6. Jh. eine schwere Niederlage beibrachte. 493 gründete Lokri die beiden Kolonien Hipponion (Vibo Valentia) und Medma (bei Rosarno) an der tyrrhenischen Seite der Halbinsel. Diese Besitzungen verwickelten die Stadt in die Konflikte zwischen Reggio di Calabria und den sizilianischen Tyrannen, die 356 in Lokri die Macht

Byzantinischer Kirchenbau in Stilo: die Cattolica

übernahmen. Ein Aufstand führte jedoch wenig später zur Einführung der Demokratie. Lokri wurde von den Römern unterworfen und, nachdem es laufend von Sarazenen bedroht worden war, vermutlich im 7. Jh. aufgegeben. Erst 1934 beschlossen die wenigen neu angesiedelten Einwohner von Gerace Marina, den alten Namen in der italienischen Form Locri aufzugreifen. Auf dem Grabungsgelände wenige Kilometer südlich wurden Tempelreste des 5. Jhs. v. Chr., megalithische Mauern und ein griechisch-römisches Theater freigelegt. Das **Museo Archeologico** zeigt Funde aus dem Gelände (Öffnungszeiten: tgl. 9–20 Uhr, 1. und 3. Mo im Monat geschl.).

*Gerace

Eines der schönsten Städtchen Kalabriens ist das weiter im Landesinneren gelegene Gerace (500 m). Die Bewohner Locris hatten sich im 9. Jh. auf den Hügel zurückgezogen. Die gepflegte ***Altstadt** wirkt anheimelnd. Von den normannischen Kirchenbauten der Region überlebte allein der größte, der ****Dom** von Gerace, sämtliche Erdbeben in dieser stark gefährdeten Gegend. 1061 eroberte Robert Guiscard die Stadt, die noch bis 1497 einen griechischen Bischof hatte. 20 unterschiedliche, teilweise antike Säulen mit schönen Kapitellen gliedern den dreischiffigen, in seiner Schlichtheit sehr feierlichen Innenraum. Vom linken Querschiff steigt man in die von antiken Säulen getragene, noch aus einer byzantinischen Bauphase stammende *Krypta. Kostbare silberne Reliquienkreuze glänzen in dem kleinen Museum (Di–So 9.30–13.30, 15 bis 19 Uhr, Hochsommer länger, Mo auf Anfrage). Vom mittelalterlichen Kastell blieb nur ein mächtiger Rundturm.

7

Seite 93

Gerace ist bekannt für seine schöne Keramik. **Antonio Crateri,** Via Duomo 42, formt an antiken Vorbildern inspirierte Terrakottareliefs. Bei **Ceramiche Condò,** Largo Chiappe, gibt es schöne Vasen.

IAT, Piazza del Tocco, 89050 Gerace, Tel./Fax 09 64 34 11.

Lo Sparviero, Via Luigi Cadorna 3, Tel. 09 64 35 68 26. Kalabresische Küche mit guten Antipasti, hausgemachten Nudeln und eigenem Wein in angenehmem Ambiente. ❍

Zur Stiefelspitze

Steil und kahl fällt der Aspromonte, das südlichste Gebirge der italienischen Halbinsel, ins Meer ab. Seine hellen Lehmhügel und unwirtlichen Kalkfelsen sind das am meisten durch Erdbeben gefährdete Gebiet des Landes. Im Inneren des noch sehr waldreichen Gebirges lebt die letzte Griechisch sprechende Minderheit Kalabriens. Doch bald werden diese Dörfer im Aspromonte so verlassen sein wie das malerische Pentedattilo. Kurz vorher hat man bei Melito di Porto Salvo den südlichsten Punkt des Landes passiert und erreicht bald **Reggio di Calabria** (s. S. 98).

Casina dei Mille, Melito di Porto Salvo, SS 106, km 3, Tel./Fax 09 65 78 74 34. Im Bau des 17. Jhs. befand sich unter Garibaldi das Hauptquartier seiner in Melito gelandeten Truppe, der berühmten *Mille* (»Tausend«). Gutes Restaurant. ❍❍

Bahnverbindung: Die Küsteneisenbahn fährt um die Stiefelspitze von Metaponto bis Reggio di Calabria; Halt in den touristisch interessanten Orten.

Kampanien
Basilikata
Aliano
Agri
Metaponto
(Metapont)
Policoro
Lido
di Policoro
Golfo di
Policastro
Acquafredda
Maratea
Parco Nazionale
del Pollino
Rocca
Imperiale
Roseto
Capo Spulico
Praia a Mare
Isola d. Dino
Scalea
Castrovillari
Trebisacce
S. Maria
del Cedro
Cirella
Diamante
Sibari
Altomonte
Belvedere
Marittimo
Esaro
San Marco
Argentano
S. Demetrio
Corone
Terme
Luigiane
Guárdia
Piemontese
S. Sofia
d'Epiro
S. Maria
del Patire
Rossano
Montalto
Uffugo
Acri
TYRRHENISCHES
MEER
Paola
Lago di
Cecita
Longobucco
P.N.
d. Calabria
Camigliatello
Rende
Cosenza
Mte. Botte Donato
1928
S. Giovanni
in Fiore
Cirò
Cirò
Marina
San Lucido
Lorica
Fiumefreddo
Bruzio
L. Arvo
L. Ampollino
Strongoli
Amantea
Savuto
Villaggio
Palumbo
Neto
LA SILA
Santa
Severina
Corazze
P.N.
d. Calabria
Crotone
Nicastro
Taverna
S. Eufemia
Lamezia
Golfo
di
S. Eufemia
Catanzaro
Isola di
Capo Rizzuto
Capo
Colonna
Le Castella
Capo
Rizzuto
Acquapark
Zambrone
Pizzo
Catanzaro Marina
Tropea
Copanello
Vibo
Valentia
C. Vaticano
Soverato
Serra
S. Bruno
Kalabrien
IONISCHES
MEER
Gioia Tauro
Stilo
Palmi
Torre
Faro
Scilla
Bagnara
Calabra
Roccella
Ionica
Monasterace
Marina
Villa S.
Giovanni
ASPROMONTE
Gerace
Marina
di G. Jonica
1955
Gambarie
Locri
Reggio
di Calabria
P.N.
d. Calabria
Bianco
Bagaladi
Pentedattilo
Costa dei
Gelsomini
Melito di
Porto Salvo
N
TOUREN 7 UND 8
0
30 km

7

Tour 8

Am Tyrrhenischen Meer

Maratea → Paola → Vibo Valentia → Reggio di Calabria (350 km)

Den schmalen Streifen flachen Landes zwischen Meer und Felsen entlang der Westküste Kalabriens teilen sich Straße und Eisenbahngleise. Traumhafte Sandbuchten und wilde Felsküste wechseln ab mit zubetonierten Landstrichen und gesichtslosen Ferienanlagen. Im Hochsommer machen hier die Neapolitaner Urlaub, vorher und nachher hat man freie Wahl unter den nur noch wenig besuchten Stränden. Feinen Sand, türkisfarbenes Wasser und steile Felsen bietet der nördliche Teil der Reise; schönster Urlaubsort ist Tropea auf halber Strecke. Ziel dieser Tour, für die sich zwei Tage empfehlen, ist die Stadt Reggio di Calabria, deren Nationalmuseum einzigartige Schätze hütet.

Maratea

Nur ein kleiner Streifen der Basilikata, kaum 25 km breit, reicht bis an das Tyrrhenische Meer heran. Inmitten grüner Hügel, die hohe, kahle Bergrücken umrahmen, liegt die Gemeinde Maratea am weiten Golf von Policastro. Die Idylle kleiner Buchten mit glasklarem, sauberem Wasser vor malerischen Felsformationen reicht von Acquafredda bis Marina di Maratea. Bausünden wurden an diesem Küstenabschnitt zum Glück vermieden. Die Ferienorte sind für einen Strandurlaub bestens ausgestattet, die höher gelegenen Bergnester bieten Abwechslung nach einem Badetag. Über den Resten von **Maratea Superiore** breitet eine 21 m hohe weiße Christusfigur von 1963 segnend die Arme aus. Der zauberhafte Blick aus rund 600 m Höhe lohnt die Anfahrt allemal!

8

Seite 93

Rio de Janeiro lässt grüßen: eine Christusstatue überragt den Küstenabschnitt bei Maratea

Tipp In Marina di Maratea liegt die **Grotta di Maratea** mit bizarren Tropfsteinen (Öffnungszeiten: Juni/1.–15. Sept. 9.30–12.30, 16–19 Uhr, Juli/Aug. 9.30–12.30, 16.30–19.30 Uhr).

APT, Piazza del Gesù, 85046 Maratea, Tel. 09 73 87 69 08, Fax 09 73 87 74 54.

La Locanda delle Donne Monache, Via Carlo Mazzei 4, Tel. 09 73 87 74 87, Fax 09 73 87 76 87. Traumhaft wohnen in einem ehemaligen Kloster. ○○○

La Tana, Maratea Castrocucco 26, Tel. 09 73 87 72 88,

Fax 09 73 87 17 20. Netter Familienbetrieb im Grünen, in der Nähe Reitstall, Shuttle-Bus zu den Stränden, gutes Restaurant. Jan. geschl. ❍❍

Zà Mariuccia, Via Grotte 2, in Maratea Porto, Tel. 09 73 87 61 63. Traditionslokal, sehr gute Fischgerichte. März–Okt. geöffnet, Juli/Aug. nur abends, Do Ruhetag (nicht Juli/Aug.) ❍❍❍

Nach Diamante

Einer der beliebtesten Ferienorte der tyrrhenischen Küste Kalabriens ist das idyllisch im Grünen gelegene **Praia a Mare.** Der Aufstieg zur Wallfahrtskirche Madonna della Grotte oberhalb des Ortes wird mit einer tollen Aussicht belohnt. Bequemer ist ein Bootsausflug zu den Grotten auf der kleinen ***Isola di Dino,** die ein schmaler Sandstreifen mit der Küste verbindet.

Casetta Bianca, Via Nazionale, in Fiùzzi (3 km südlich von Praia

Echtes Zitronat

Rund um **Santa Maria del Cedro** und **Cirella** wachsen Zedradzitronenbäume *(Cedro)*, aus deren Früchten Zitronat hergestellt wird. Die große grünliche Zitrone spürt jedoch die Konkurrenz der Sukkade (kandierter, mit Zitronenöl aromatisierter Kürbis), daher betreiben immer weniger Bauern die schwierige Aufzucht der ca. 1,5 m hohen Pflanze. Für die Juden ist die Zedradzitrone, die beim Laubhüttenfest (jüdisches Erntedankfest) eine Rolle spielt, ein Reinheitssymbol.

Ferienort Praia a Mare mit der vorgelagerten Isola di Dino

a Mare), Tel. 09 85 77 92 65, Fax 09 85 77 92 82. Nicht nur der Blick auf die Isola di Dino ist traumhaft, der Familienbetrieb (100 m vom Meer) bietet auch gute Küche, die man im Sommer auf der Terrasse genießt. ❍

Die mittelalterlich geprägte Altstadt von **Scalea** scheint in Stufen das kleine Kap hinaufzusteigen. Die Kirche San Nicola in Plateis besitzt eine Krypta und ein beachtenswertes gotisches Grabmal. In der Chiesetta dello Spedale sind byzantinische Fresken zu bestaunen. Am weiten Sandstrand bieten Felsbogen und große Blöcke nur wenige Meter von der Küste Tauchern und Schwimmern ein ideales Revier.

La Rondinella, Via Vittorio Emanuele III 31, Tel. 0 98 59 13 60. Mitten in der Altstadt, ausgezeichnete kalabresische Spezialitäten, auch im Freien. So Ruhetag (nur Okt.–März). ❍❍–❍❍❍

8

Seite 93

Mächtige Wehrtürme, die im 16. Jh. zum Schutz vor den Türken errichtet wurden, finden sich noch heute in regelmäßigen Abständen entlang der Küste. Einer bewacht sogar die kleine Isola di Cirella, kurz vor **Diamante.** Die kraftvollen, lebensfrohen ***Murales,** Wandbilder zeitgenössischer Künstler in den engen Gässchen der Altstadt, heben das Städtchen aus der Masse der Ferienorte heraus.

Tipp **Centro gastronomico Sapore Calabria,** Via Amendola 3. Über 300 original kalabresische Spezialitäten kann man hier kaufen!

i Via P. Mancini 10, 87023 Diamante, Tel. 09 85 87 60 46.

Ferretti, Via Lungomare, Tel. 0 98 58 14 28, Fax 0 98 58 11 14. Mediterranes Flair, viel Grün, mit Terrasse, gut geführt, zwei Restaurants; nur Mai–Sept. ○○

Trattoria San Biago, Via Roma 10. Rustikales Lokal, typisch kalabresische Küche. ○

Über Paola nach Pizzo

Allmählich weicht der Strand massiven Betonmauern und Wellenbrechern. In den kleinen Dörfern im Landesinneren kann man noch das alte Kalabrien entdecken, von dessen früherer Pracht Adelspaläste und Barockkirchen erzählen. Im 13. Jh. siedelten sich in **Guardia Piemontese** Waldenser aus Piemont an, um den Verfolgungen der katholischen Kirche zu

Kalabriens volkstümlicher Heiliger

Francesco d'Alessio (1416–1507) wurde als Dreizehnjähriger in Erfüllung eines Gelübdes seiner Eltern in das Franziskanerkloster von San Marco Argentano bei Cosenza gegeben. Bei einem Rombesuch ekelte ihn der Luxus in der Papststadt so an, dass er sich schon wenig später als Eremit in die Einsamkeit zurückzog. Doch sein asketisches Leben und zahlreiche Wunder führten ihm eine große Anhängerschaft zu, die er zunächst in der »Gesellschaft armer Eremiten« vereinigte. 1474 wurde sie vom Papst als Orden anerkannt. Die Regel der Paulaner orientierte sich an jener der Franziskaner, war jedoch hinsichtlich des Armutsgebots und der Fastenregeln noch strenger. Schon zu Lebzeiten brachten Francesco sein soziales Engagement und seine Wundertaten den Ruf eines Heiligen ein. Der kranke Ludwig XI. rief ihn 1483 als seinen geistlichen Beistand nach Frankreich, wo Francesco predigend den Rest seines Lebens verbrachte.

Zu den berühmtesten Wundern des Heiligen zählt die Überquerung der Straße von Messina auf seiner Kutte, nachdem ein Fährmann ihm die kostenlose Überfahrt verweigert hatte. Seit 1943 ist Francesco übrigens der Schutzpatron der Seefahrer. Stets begleitete ihn ein Lämmchen namens Martinello. Als Maurer es eines Tages geschlachtet, gebraten und verspeist hatten, warfen sie seine Knochen in den Ofen. Und aus diesem Ofen zog Francesco das Lämmchen wieder lebendig heraus! Ein volkstümlicher Mann mit einem Herzen für Arme und Tiere musste in Kalabrien fast zwangsläufig zum am meisten verehrten Heiligen aufsteigen. An seinem Festtag, dem 4. Mai, strömen Pilger aus allen Teilen Süditaliens nach Paola.

8 Seite 93

Pizzo, pittoresk und aussichtsreich

entgehen. 1560 wurden in vielen Gemeinden Kalabriens Tausende Waldenser durch die Truppen des späteren Papstes Pius V. ermordet.

Ein verwinkeltes Zentrum, Barockkirchen und eine ausufernde Neustadt: so präsentiert sich **Paola** (17 000 Einw.). Am Berg steht das von Franziskus von Paola gegründete *Kloster. Der Kreuzgang ist noch spätgotisch. Die alte Kirche mit ihrem zweigeteiltem Schiff zeigt Renaissance- und Barockformen, der Neubau für das Heilige Jahr 2000 dahinter überrascht mit Postmoderne.

Nette Badeorte wie **San Lucido, Fiumefreddo Bruzio** und **Amantea** mit den Resten eines Kastells folgen entlang der Küstenstraße. Man überquert das fruchtbare Savuto-Tal, wo einer der bekanntesten kalabresischen Weine, der *Savuto DOC*, erzeugt wird.

Das pittoreske **Pizzo** scheint fast von seiner aussichtsreichen Höhe ins Meer zu stürzen. Besichtigungspunkte im Ort sind eine barocke Pfarrkirche, ein von den Aragonesen errichtetes mächtiges Kastell (Öffnungszeiten: tgl. 9–13, 16–20 Uhr, im Hochsommer bis 22/23 Uhr) und ein Tuffkirchlein.

Tipp In Pizzo sollte man das Eis probieren, denn Lokalpatrioten behaupten, hier sei das *Tartufo* erfunden worden. Ideal für die Kostprobe ist der Hauptplatz, der im Sommer einem Freilichttheater gleicht.

i Piazza della Repubblica 56, 88026 Pizzo, Tel. 09 63 53 13 10, Fax 09 63 53 72 00.

Vibo Valentia

Griechen aus Locri gründeten den Ort (35 000 Einw.) Ende des 7. Jhs. v. Chr. zur Sicherung der Handelswege am Tyrrhenischen Meer. Von den einheimischen Bruttiern erobert, wurde er im 2. Jh. v. Chr. römisch. Im Mittelalter diente die aufstrebende Hafenstadt den Byzantinern als Stützpunkt, dann ließ sie Friedrich II. systematisch ausbauen. Nach der Französischen Revolution setzte der Niedergang ein, Vibo verlor die Funktion als Provinzhauptstadt, die es erst 1993 zurückerhielt.

Die niedrigen Häuser der barock geprägten Altstadt scheinen sich vor dem mächtigen ***Kastell** zu ducken. Es ist Sitz des neu eingerichteten Archäologischen Museums mit Funden aus der Frühgeschichte Vibos und der Antike (Öffnungszeiten: Sommer tgl. 9–20, Sa bis 23 Uhr, im Winter kürzer). Der üppige barocke ***Dom San Leoluca** besticht durch seine reiche Stuckverzierung. Der Corso Vittorio Emanuele III ist die Haupteinkaufs- und Flaniermeile Vibos.

i **APT,** Via Forgiari 8, 88018 Vibo Valentia, Tel. 0 96 34 20 08, Fax 0 96 34 43 18.

Eintägige Kreuzfahrten ab Vibo Marina zu den Äolischen Inseln (Vulcano, Lipari).

8
Seite 93

Risorgimento, Via Pietro Colletta 12, Tel./Fax 0 96 34 11 25. Stilvoll, in der Altstadt. ❍❍

Vecchia Vibo, Via Murat (Nähe Dom), Tel. 0 96 34 30 46. In dem früheren Pferdestall werden kalabresische Spezialitäten und hausgemachte Antipasti serviert. Mi Ruhetag. ❍

*Tropea

Das sympathische Städtchen ist der schönste Badeort an der tyrrhenischen Küste Kalabriens. Die Gässchen, Torbogen, Plätze und Paläste laden mit hübschen Läden zum Bummeln ein. Mitten in die Altstadt ist der niedrige, wohl noch in vornormannischer Zeit begonnene ***Dom** eingebettet. Die farbige Absetzung der Rundbogen an der Längsseite verleiht dem Bau etwas Anmutig-Spielerisches.

APT, Piazza Ercole, 89861 Tropea, Tel./Fax 0 96 36 14 75. Hotel- und Wohnungsvermittlung für die Strände am Capo Vaticano;
APT Via Vaisette 40, 88036 San Nicolò di Ricadi, Tel./Fax 09 63 66 31 19.

Terrazza sul Mare, Zona Croce, Tel./Fax 0 96 36 10 20. Angenehmes und gut geführtes Hotel mit schöner Aussichtsterrasse. ❍–❍❍

8

Seite 93

Pimm's, Largo Migliarese 2, Tel. 09 63 66 61 05. Hervorragende Fischgerichte, Panoramaterrasse. Mo und Jan./Feb. geschl. ❍❍❍
▮ **Da Franco,** in Brattiro (10 km im Landesinneren), Tel. 0 96 36 80 85. Kräftige Fleischgerichte, kalabresische Spezialitäten. Mo Ruhetag. ❍

Tipp Wer sich über die bäuerliche Lebenswelt Kalabriens informieren will, ist in **Palmi** in den ***Musei Civici** gut aufgehoben (Öffnungszeiten: Mo–Fr 8–14, Mo/Do auch 15–18 Uhr). Imposant ist das Kastell von ***Scilla** am Ende der Meerenge von Messina.

Reggio di Calabria

Die Stadt (350 km; 178 000 Einw.) erreicht man über Villa San Giovanni, den Fährhafen für Sizilien. Nach gewalttätigen Demonstrationen verlegte man 1972 den Sitz des Regionalparlaments in diese bevölkerungsreichste Stadt Kalabriens, während Catanzaro weiterhin Hauptstadt und Regierungssitz blieb. Dieser Vorgang und die täglich gegenwärtige Gewalt zeigen, wie sehr die Stadt – und die Provinz Reggio – von der *'Ndrangheta,* der kalabresischen Mafia, beherrscht werden. Richter und Staatsanwälte leisten bei der Bekämpfung wahre Sisyphusarbeit, die sie oft genug mit dem eigenen Leben bezahlen. Während die Mafia dem Image schweren Schaden zufügt, ist man stolz darauf, dass der Modeschöpfer Gianni Versace aus Reggio stammte.

Auch die Natur scheint sich gegen die Stadt verschworen zu haben. Sie wurde immer wieder von katastrophalen Erdbeben verheert. Dem Beben von 1908 fielen die letzten Reste architektonischer Sehenswürdigkeiten zum Opfer. Doch ein Spaziergang auf dem »schönsten Kilometer Italiens«, dem **Lungomare Matteotti,** lässt die düsteren Gedanken beim Anblick Siziliens und dem Ätna vergessen.

Die archäologische Abteilung des ****Museo Nazionale** ist wohl die interessanteste Sammlung dieser Art. Prunkstücke sind die 1972 aus einem Wrack vor der ionischen Küste Kalabriens geborgenen, nach ihrem Fundort benannten **Bronzen von Riace. Die

Aus der Bergamottfrucht werden ausgesuchte Duftessenzen gewonnen

beiden überlebensgroßen Figuren griechischer Krieger stammen aus dem 5. Jh. v. Chr. und sind von ungewöhnlicher Realitätsnähe. Auch Funde aus dem Porticello-Wrack – besonders der bärtige Bronzekopf eines Philosopen – sind zu bestaunen. Das Museum besitzt auch eine didaktisch hervorragend aufgebaute frühgeschichtliche Abteilung bis zur Eisenzeit (mit deutschen Begleittexten) und eine Sektion zur griechischen Geschichte der Provinz. Neben den herrlichen antiken Vasen, Waffen und Schmuck sollte man die Gemälde von Antonello da Messina und Mattia Preti in der **Pinakothek** (Öffnungszeiten: tgl. 9–20 Uhr, 1. und 3. Mo im Monat geschl.) anschauen.

Das **Zitrus-Museum** (Via Gen. Tommasini 2, Öffnungszeiten: Mo–Fr 8 bis 14 Uhr) zeigt u. a. eine Bergamottenölpresse.

In Italien wächst die Bergamottfrucht nur entlang der Küste von Reggio di Calabria. Ausgesuchte Duftessenzen findet man bei **Nuova Fiori del Sud,** Via Osanna 17. Ausgezeichnete kalabresische Spezialitäten, vor allem Wurstwaren, gibt's bei **Antonio Pellicanò,** Via Aspromonte 15 a. **Torrone Giuseppe Malavenda,** Via Santa Caterina 85–91, bietet Mandelpaste in allen Variationen und vor allem *torroncini* z. B. mit Mandarinengeschmack.

APT, Via Roma 3, 89100 Reggio di Calabria, Tel. 0 96 52 11 71, Fax 09 65 89 09 47. Informationsbüros: Corso Garibaldi 329, Tel. 09 65 89 20 12; am Bahnhof, Tel. 0 96 52 71 20; sowie am Flughafen, Tel. 09 65 64 32 91.

Fähre nach Messina.

Grand Hotel Excelsior, Via Vittorio Veneto 66, Tel. 09 65 81 22 11, Fax 09 65 89 30 84. Komfort und Lage am Museum haben ihren Preis; Restaurant. ○○○

Bonaccorso, Via Bixio 5, Tel. 09 65 89 60 48. Elegantes Restaurant mit Nostalgietouch, der Padrone ist Künstler und serviert die klassische italienische Küche mit eigenen Varianten. So/Aug. geschl. ○○

8

Seite 93

Infos von A–Z

Ärztliche Versorgung

Innerhalb der EU besteht ein Abkommen über soziale Sicherheit, das Mitgliedern einer gesetzlichen Krankenkasse in Krankheitsfällen kostenlose medizinische Behandlung zusichert. Formular E 111 und Auskünfte bei den Krankenkassen. Für die Erstattung bar bezahlter Medikamente und Privatrechnungen von Ärzten benötigt man eine detaillierte Rechnung. Wer ganz sicher gehen will, schließt eine private Auslandskrankenversicherung ab.

Autofahrer

Der nationale Führerschein genügt, die Mitnahme der grünen Versicherungskarte wird empfohlen. Pannenhilfe (Tel. 116) ist für die Mitglieder von Automobilklubs kostenlos, wenn sie einen Auslandsschutzbrief besitzen.

Bei Verkehrsverstößen drohen hohe Bußgelder. Auf Landstraßen gilt ein Tempolimit von 90 km/h, auf Autobahnen und Schnellstraßen zwischen 90 und 130 km/h.

Diplomatische Vertretungen

- **Deutsches Generalkonsulat:** 80121 Neapel, Via Crispi 69/I, Tel. 08 12 48 85 11, Fax 08 17 61 46 87; Honorarkonsulat: 70121 Bari, Piazza Umberto I 40, Tel./Fax 08 05 24 40 59.
- **Österreichisches Konsulat:** 70121 Bari, Via Dalmazia 179, Tel./Fax 08 05 53 19 95; Honorarkonsulat: 80100 Neapel, Corso Umberto I 275, Tel./Fax 0 81 28 77 24.
- **Schweizer Konsulat:** 80122 Neapel, Via Pergolesi 1, Tel. 08 17 61 43 90, Fax 08 17 61 17 50.

Feiertage

1. und 6. Januar, Ostermontag, 25. April (Staatsfeiertag), 1. Mai, 15. August *(ferragosto)*, 1. November, 8. Dezember, 25./26. Dezember.

Geld und Devisen

Die italienische Lira (Lit) gilt noch bis Anfang 2002, dann wird auf Euro umgestellt. Seit 1999 besteht die Euro-Währungszone mit festen Wechselkursen: 1 Euro (€) = 1936 Lire, 1 DM = 989 Lire, 1 ÖS = 140 Lire. 1 CHF ist wechselkursabhängig ca. 1200 Lire bzw. 0,65 € wert. Mit EC-Karte und Geheimnummer erhält man an Bankautomaten *(bancomat)* bis zu 500 000 Lire täglich. Auch Kreditkarten sind verbreitet.

Informationen

Auskünfte erteilen die staatlichen italienischen Fremdenverkehrsämter (ENIT) in:

- **Deutschland:** Karl-Liebknecht-Str. 34, 10178 Berlin, Tel. 0 30/2 47 83 97, Fax 2 47 83 99; Kaiserstr. 65, 60329 Frankfurt/M., Tel. 0 69/25 91 26, Fax 23 28 94; Goethestr. 20, 80336 München, Tel. 0 89/53 13 17, Fax 53 45 27.
- **Österreich:** Kärtner Ring 4, 1010 Wien, Tel. 01/5 05 16 39, Fax 5 05 02 48.
- **Schweiz:** Uraniastr. 32, 8001 Zürich, Tel. 01/2 11 36 33, Fax 2 11 38 85.

In Italien helfen die APT (Azienda di Promozione Turistica) mit Infos, Adressen bei den einzelnen Städte.

Kriminalität

Gelegenheit macht Diebe! Lassen Sie keine Wertsachen sichtbar in Ihrem Wagen liegen, stellen Sie Ihr Auto möglichst auf einem bewachten Parkplatz ab. Altstadtbesuche in Bari oder Taranto sollte man ohne auffallenden Schmuck und ohne größere Summen Bargelds unternehmen.

Notruf

- Polizei, Erste Hilfe: Tel. 112 oder 113.
- Feuerwehr: Tel. 115.
- Autopannen: Tel. 116.

Öffnungszeiten

- **Läden** haben im Allgemeinen 9–13 und 16/17–20/21 Uhr geöffnet; im Sommer schließen viele am Samstagnachmittag, im Winter am Montagvormittag. In Ferienorten sind die Öffnungszeiten im Sommer abends länger.
- **Banken** sind Mo–Fr 8.30–13.30 Uhr geöffnet (manche auch nachmittags für eine Stunde). Am Wochenende kann man an Flughäfen und großen Bahnhöfen Geld wechseln.
- **Kirchen** sind meist mittags von 12/13 bis 16/17 Uhr geschlossen.
- **Tankstellen** sind, außer an Autobahnen, über Mittag sowie sonn- und feiertags geschlossen. Einige haben Tankautomaten, die mit Bargeld (nur neue Scheine!) funktionieren.
- **Museen, Galerien** ändern häufig die Öffnungszeiten. Die staatlichen Museen sind für EU-Bürger unter 18 und über 60 Jahre gratis, zwischen 18 und 25 Jahren halbiert sich der Eintritt.

Postgebühren

Das Auslandsporto von Italien in EU-Staaten beträgt für eine Postkarte oder einen Brief (bis 20 g) 800 Lire, in die Schweiz 900 Lire.

Rechnungen und Belege

Auch ausländische Touristen sind verpflichtet, sich über erhaltene Dienstleistungen (in Restaurants, Autowerkstätten u. a.) eine ordnungsgemäße Quittung *(ricevuta fiscale)* inklusive Mehrwertsteuer (IVA) ausstellen zu lassen und diese aufzubewahren. Bei Kontrollen durch die italienische Steuerpolizei ist sonst eine hohe Geldstrafe fällig.

Souvenirs

Keramik zählt zu den schönsten Mitbringseln. Charakteristisch für Apulien sind *fischietti,* Tonpfeifen zum Musizieren. Holzarbeiten aus der kalabresischen Sila, Brigantenpuppen oder Korallenschmuck aus Tropea: Man hat die Qual der Wahl in Kalabrien. Und decken Sie sich mit all den guten lokalen Weinen und köstlichen eingelegten Oliven, Gemüsen und Pilzen ein.

Telefonieren

kann man in öffentlichen Fernsprechämtern der Telefongesellschaft Telecom (nicht in der Post). Münzfernsprecher nehmen 100-, 200- und 500- Lire-Münzen. Telefonkarten *(scheda telefonica)* zu 5000, 10 000 und 15 000 Lire gibt's auch in Tabakläden *(Tabacchi).*

Die Ortsvorwahl ist in Italien Bestandteil der Teilnehmernummer und muss auch bei Ortsgesprächen innerhalb Italiens mitgewählt werden. Die Vorwahlen von Italien aus sind: Deutschland 00 49, Österreich 00 43, Schweiz 00 41.

Trinkgeld

Trotz Inklusivpreise sind Trinkgelder nicht aus der Mode; man rundet auf, bei allen persönlichen Dienstleistungen, z. B. im Taxi und im Restaurant.

Zoll

Für Touristen aus **EU-Staaten** gibt es praktisch keine Zollkontrollen mehr. Die Menge der ein- und ausgeführten Waren darf ausschließlich für den persönlichen Gebrauch bestimmt sein. Folgende Höchstmengen gelten (pro Person) als Anhaltspunkte: 800 Zigaretten, 200 Zigarren, 1 kg Tabak, 10 l Spirituosen, 90 l Wein.

Schweizer können Geschenke bis zu einem Gegenwert von 200 sfr mitbringen, zusätzlich 200 Zigaretten, 1 l Spirituosen und 2 l Wein.

Langenscheidt Mini-Dolmetscher

Allgemeines

Guten Tag.	Buongiorno. [buon**dscho**rno]
Hallo!	Ciao! [**tscha**o]
Wie geht's?	Come sta? [**ko**me sta]
Danke, gut.	Bene, grazie. [**bä**ne **gra**zje]
Ich heiße ...	Mi chiamo ... [mi kj**a**mo]
Auf Wiedersehen.	Arrivederci. [arriwe**der**tschi]
Morgen	mattina [mat**ti**na]
Nachmittag	pomeriggio [pome**ri**dscho]
Abend	sera [**ß**era]
Nacht	notte [**no**tte]
morgen	domani [do**ma**ni]
heute	oggi [**o**dschi]
gestern	ieri [järi]
Sprechen Sie Deutsch?	Parla tedesco? [**par**la te**des**ko]
Wie bitte?	Come, prego? [**ko**me **prä**go]
Ich verstehe nicht.	Non capisco. [non ka**pis**ko]
Sagen Sie es bitte nochmals.	Lo può ripetere, per favore. [lo pu**o** ri**pä**tere per fa**wo**re]
..., bitte.	..., per favore. [per fa**wo**re]
danke	grazie [**gra**zje]
Keine Ursache.	Prego. [**prä**go]
was / wer / welcher	che / chi / quale [ke / ki / ku**a**le]
wo / wohin	dove [**do**we]
wie / wie viel	come / quanto [**ko**me / ku**an**to]
wann / wie lange	quando / quanto tempo [ku**an**do / ku**an**to **täm**po]
warum	perché [per**ke**]
Wie heißt das?	Come si chiama? [**ko**me ßi kj**a**ma]
Wo ist ...?	Dov'è ...? [do**wä**]
Können Sie mir helfen?	Mi può aiutare? [mi pu**o** aju**ta**re]
ja	sì [ßi]
nein	no [no]
Entschuldigen Sie.	Scusi. [**sku**si]
Das macht nichts.	Non fa niente. [non fa nj**än**te]

Sightseeing

Gibt es hier eine Touristeninformation?	C'è un ufficio di turismo qui? [**tschä** un uf**fi**tscho di tu**ris**mo kui]
Haben Sie einen Stadtplan / ein Hotelverzeichnis?	Ha una pianta della città / un annuario alberghi? [a **u**na pj**an**ta **del**la tschit**ta** / un annu**ar**jo al**bär**gi]
Wann ist ... geöffnet?	A che ora è aperto (m.) / aperta (w.) ...? [a **ke o**ra ä a**pär**to / a**pär**ta]
geschlossen	chiuso (m.) / chiusa (w.) [kj**u**so / kj**u**sa]
das Museum	il museo (m.) [il mu**se**o]
die Kirche	la chiesa (w.) [la kj**ä**sa]
die Ausstellung	l'esposizione (w.) [lesposizj**o**ne]
Wegen Restaurierung geschlossen.	In restauro. [in res**tau**ro]

Shopping

Wo gibt es ...?	Dove posso trovare ...? [**do**we **pos**so tro**wa**re]
Wie viel kostet das?	Quanto costa? [ku**an**to **kos**ta]
Das ist zu teuer.	È troppo caro. [ä **trop**po **ka**ro]
Das gefällt mir (nicht).	(Non) mi piace. [(non) mi pj**a**tsche]
Gibt es das in einer anderen Farbe / Größe?	Ce l'ha anche di un altro colore / un'altra taglia? [tsche la **ang**ke di un **al**tro ko**lo**re / un **al**tra **tal**ja]
Ich nehme es.	Lo prendo. [lo **prän**do]
Wo ist eine Bank?	Dov'è una banca? [do**wä** una **bang**ka]
Ich suche einen Geldautomaten.	Dove posso trovare un bancomat? [**do**we **pos**so tro**wa**re un bangko**mat**]
Geben Sie mir 100 g Käse / zwei Kilo Pfirsiche	Mi dia un etto di formaggio / due chili di pesche. [mi **di**a un **ät**to di for**ma**dscho / **due ki**li di **päs**ke]
Haben Sie deutsche Zeitungen?	Ha giornali tedeschi? [a dschor**na**li te**des**ki]
Wo kann ich telefonieren / eine Telefonkarte kaufen?	Dove posso telefonare / comprare una scheda telefonica? [**do**we **pos**so telefo**na**re / kom**pra**re una **ske**da tele**fo**nika]

Notfälle

Ich brauche einen Arzt / Zahnarzt.	Ho bisogno di un medico / dentista. [o bi**so**njo di un **mä**diko / den**tis**ta]

Rufen Sie bitte einen Krankenwagen / die Polizei.	Chiami un'ambulanza / la polizia, per favore. [kjami un‿ambu**lan**za / la poli**zi**a per fa**wo**re]
Wir hatten einen Unfall.	Abbiamo avuto un incidente. [abbj**a**mo a**wu**to un intschi**dän**te]
Wo ist das Polizeirevier?	Dov'è la polizia? [do**wä** la poli**zi**a]
Ich bin bestohlen worden.	Mi hanno derubato. [mi **an**no deru**ba**to]
Mein Auto ist aufgebrochen worden.	Hanno forzato la mia macchina. [**an**no for**za**to la **mi**a **mak**kina]

Essen und Trinken

Die Speisekarte, bitte.	Il menu per favore. [il me**nu** per fa**wo**re]
Brot	pane [**pa**ne]
Kaffee	caffè / espresso [kaf**fä** / es**präs**so]
Tee	tè [tä]
mit Milch / Zucker	con latte / zucchero [kon **lat**te / **zuk**kero]
Orangensaft	succo d'arancia [**suk**ko da**ran**tscha]
Mehr Kaffee, bitte.	Un altro caffè, per favore. [un **al**tro kaf**fä** per fa**wo**re]
Suppe	minestra [mi**näs**tra]
Nudeln	pasta [**pas**ta]
Fisch / Meeresfrüchte	pesce / frutti di mare [**pe**sche / **frut**ti di **ma**re]
Fleisch	carne [**kar**ne]
Geflügel	pollame [pol**la**me]
Beilage	contorno [kon**tor**no]
vegetarische Gerichte	piatti vegetariani [pj**at**ti wed~~sche~~tar**ja**ni]
Ei	uovo [u**o**vo]
Salat	insalata [inßa**la**ta]
Dessert	dolci [**dol**tschi]
Obst	frutta [**frut**ta]
Eis	gelato [d~~sche~~**la**to]
Wein	vino [**wi**no]
weiß / rot / rosé	bianco / rosso / rosé [bj**ang**ko / **ros**so / ro**se**]
Bier	birra [**bir**ra]
Aperitif	aperitivo [aperi**ti**wo]
Wasser	acqua [**a**kua]
Mineralwasser	acqua minerale [**a**kua mine**ra**le]
mit / ohne Kohlensäure	gassata / naturale [gas**sa**ta / natu**ra**le]
Frühstück	prima colazione [**pri**ma kolazj**o**ne]
Mittagessen	pranzo [**pran**dso]
Abendessen	cena [**tsche**na]
eine Kleinigkeit	uno spuntino [uno spun**ti**no]
Ich möchte bezahlen.	Il conto, per favore. [il **kon**to per fa**wo**re]
Es war sehr gut / nicht so gut.	Era molto buono. / Non era buono. [**ä**ra **mol**to bu**o**no / non **ä**ra bu**o**no]

Im Hotel

Ich suche ein gutes / nicht zu teures Hotel.	Cerco un buon albergo / un albergo economico. [**tscher**ko un bu**on** al**bär**go / un al**bär**go eko**no**miko]
Ich habe ein Zimmer reserviert.	Ho riservato una camera. [o riser**wa**to una **ka**mera]
Ich suche ein Zimmer für ... Personen.	Cerco una camera per ... persone. [**tscher**ko una **ka**mera per ... per**ß**one]
Mit Dusche und Toilette.	Con doccia e servizi. [kon **do**tscha e ser**wi**zi]
Mit Balkon / Blick aufs Meer.	Con balcone / vista sul mare. [kon bal**ko**ne / **wis**ta sul **ma**re]
Wie viel kostet das Zimmer pro Nacht?	Quanto costa la camera per notte? [ku**an**to **kos**ta la **ka**mera per **not**te]
Mit Frühstück?	Con prima colazione? [kon **pri**ma kolazj**o**ne]
Kann ich das Zimmer sehen?	Posso vedere la camera? [**pos**so we**de**re la **ka**mera]
Haben Sie ein anderes Zimmer?	Avete un'altra camera? [a**we**te un‿**al**tra **ka**mera]
Das Zimmer gefällt mir (nicht).	Mi piace la camera. / La camera non mi piace. [mi pj**a**tsche la **ka**mera / la **ka**mera non mi pj**a**tsche]
Kann ich mit Kreditkarte bezahlen?	Posso pagare con carta di credito? [**pos**so pa**ga**re con **kar**ta di **kre**dito]
Wo kann ich parken?	Dove posso mettere la macchina? [**do**we **pos**so **met**tere la **mak**kina]
Können Sie das Gepäck in mein Zimmer bringen?	Mi può portare i bagagli in camera? [mi pu**o** por**ta**re i ba**ga**lji in **ka**mera]
Haben Sie einen Platz für ein Zelt / einen Wohnwagen / ein Wohnmobil?	C'è ancora posto per una tenda / una roulotte / un camper? [tschä ang**ko**ra **pos**to per una **tän**da / una ru**lott** / un **kam**per]
Wir brauchen Strom / Wasser.	Abbiamo bisogno di corrente / acqua. [abbjamo bi**so**njo di kor**rän**te / **a**kua]

Orts- und Sachregister

Reisen sind voller
Überraschungen.
Reiseplanung
Straßenkarten
Hotelbuchung
Autovermietung
Interessensuche
Fährbuchung

Personenregister

Zeichenerklärung

Unsere Preissymbole bedeuten:

Hotel:	Zimmer mit Bad		Restaurant:	Menü	
	❍❍❍	ab 150 000 Lire (77,47 €)		❍❍❍	ab 35 000 Lire (18,08 €)
	❍❍	ab 90 000 Lire (46,48 €)		❍❍	ab 25 000 Lire (12,91 €)
	❍	bis 90 000 Lire (46,48 €)		❍	bis 25 000 Lire (12,91 €)

Polyglott im Internet: www.polyglott.de,
im Shell GeoStar unter www.ShellGeoStar.com,
in Beyoo unter www.beyoo.com,
im Travel Channel unter www.travelchannel.de

Alle Informationen stammen aus zuverlässigen Quellen und wurden sorgfältig geprüft. Für ihre Vollständigkeit und Richtigkeit können wir jedoch keine Haftung übernehmen.
Ergänzende Anregungen bitten wir zu richten an:
Polyglott Verlag, Redaktion, Postfach 40 11 20, 80711 München.
E-Mail: redaktion@polyglott.de

Impressum

Herausgeber: Polyglott-Redaktion
Autorin: Monika Pelz
Autor Special: Peter Peter
Lektorat: Susanne Feess
Layout: Ute Weber, Geretsried
Karten und Pläne: Christiane Reiß
Titeldesign-Konzept: Independent Medien-Design
Satz: Tim Schulz, Dagebüll
Satz Special: Carmen Marchwinski, München

Erste Auflage 2001

Printed in Germany
ISBN 3-493-58808-9
Dieses Buch wurde auf chlorfrei gebleichtem Papier gedruckt.

Die wichtigsten Sehenswürdigkeiten auf einen Blick

Das unverwechselbare Polyglott-Sternchensystem dient einer ausgewogenen Bewertung aller Sehenswürdigkeiten. Es soll Ihnen die Wahl und die Zusammenstellung Ihrer Reiseroute erleichtern.

*** eine eigene Reise wert
** einen Umweg wert
* sehr sehenswert

*** Sassi von Matera (S. 77)

Bari (S. 27)
** Basilica San Nicola (S. 28)
** Kathedrale San Sabino (S. 28)
** Pinacoteca Provinciale (S. 31)
** Museo Archeologico (S. 31)

** **Lecce** (S. 32)
** Chiesa del Rosario, Fassade (S. 34)
** Basilica Santa Croce (S. 36)

** **Cosenza** (S. 39)
** Capella di Santa Caterina (S. 44)
** Staurothek (S. 44)

** Tomba di Rotari, Monte Sant'Angelo (S. 50)
** Museo Nazionale del Gargano, Manfedonia (S. 52)
** Castel del Monte (S. 56)
** San Nicola Pellegrino, Trani (S. 57)
** Kathedrale San Corrado, Molfetta (S. 58)
** Karsthöhle, Castellana Grotte (S. 60)
** Trulli, Alberobello (S. 60)
** Santa Maria del Casale, Brindisi (S. 65)
** Otranto (S. 67)
** Gallipoli (S. 69)
** Archäologisches Museum, Taranto (S. 75)
** Venosa (S. 83)
** Dorischer Tempel, Metaponto (S. 86)
** Cattolica, Stilo (S. 90)
** Dom von Gerace (S. 92)
** Museo Nazionale, Reggio di Calabria (S. 98)

Die Autoren

Monika Pelz

ist 1962 in Traunstein geboren und studierte in München, Florenz und Pisa Geschichte, Politologie und italienische Linguistik. Sie lebt mit ihrer Familie in Pisa und hat in vielen Jahren Land und Leute in der Toskana kennen und schätzen gelernt. Die Polyglott-Reiseführer »Toskana«, »Elba«, »Umbrien« und »Apulien/Kalabrien« wurden ebenfalls von ihr geschrieben.

Peter Peter

studierte Klassische Philologie, Geschichte, Germanistik und Italianistik und leitet seit vielen Jahren Studienreisen nach Italien. Seine umfangreichen Kenntnisse zu Land und Leuten fanden in vielen Publikationen, unter anderem in kulinarischen und literarischen Büchern Niederschlag; er verfasste auch die Polyglott ReiseBücher Gardasee und Sizilien.